경제바보 서영찬,
경제인간 되다

경제바보 서영찬,
경제인간 되다

초판 1쇄 발행   2023. 6. 14.

지은이 이돈녕
펴낸이 김병호
펴낸곳 주식회사 바른북스

편집진행 황금주
디자인 양헌경

등록   2019년 4월 3일 제2019-000040호
주소   서울시 성동구 연무장5길 9-16, 301호 (성수동2가, 블루스톤타워)
대표전화 070-7857-9719 | **경영지원** 02-3409-9719 | **팩스** 070-7610-9820

•바른북스는 여러분의 다양한 아이디어와 원고 투고를 설레는 마음으로 기다리고 있습니다.

이메일 barunbooks21@naver.com | **원고투고** barunbooks21@naver.com
홈페이지 www.barunbooks.com | **공식 블로그** blog.naver.com/barunbooks7
공식 포스트 post.naver.com/barunbooks7 | **페이스북** facebook.com/barunbooks7

ⓒ 이돈녕, 2023
ISBN 979-11-93127-29-2 03320

현명한 '호모 이코노미쿠스'의 부자 되는 법

경제바보 서영찬,
경제인간 되다

★ ★ ★
쉽고 재미있게
설명해 주는
투자 노하우

이돈녕 지음

 '경제알못'이었던 서영찬이
30억 부자가 된 방법!

	수익형	부동산		미래	
주식 투자	투자		가계 재무	산업	파이어족

바른북스

이야기를 시작하며

우리는 사회가 필요로 하는 것을 학교에서 배우고, 학교를 졸업한 후에는 거의 대부분 경제인으로 살아갑니다. 경제인으로 살아간다는 것은 쉽게 말하면 돈을 벌고, 모으고, 불리는 활동을 의미합니다. 사업가, 직장인, 학자, 공무원, 자영업자, 프리랜서, 가정주부 모두 경제인으로서의 활동을 하는 것은 마찬가지입니다. 즉, 돈을 벌고, 모으고, 불리는 활동은 경제인 본연의 행위이며, 극단적으로 말하자면 우리가 여태까지 학교에서 치열하게 공부해왔던 것은 모두 이를 위해서였다고 해도 크게 틀리지 않을 것입니다.

딸 아이가 가져온 중학교 사회2 교과서에서는 경제적 의사결정, 기업의 역할, 금융, 시장과 가격, 경제성장, 물가와 실업, 국제경제가 약 50페이지에 걸쳐 나와 있었습니다. 경제의 기본 개념을 이해하기 위해 잘 알아야 할 좋은 내용들이었습니다. 하지만 학생들이 앞으로 성인이 된 후 실질적으로 알아야 할 내용들이 다소 부족해 보였습니다. 그래서 서점을 들러 고등학교 경제 교과서를 살펴보니, 놀랍게도 중학교 교과서의 재탕이자 좀 더 심화된 내용일 뿐, 나중에 커서 어떻게 돈을 벌고, 모으고, 불려 가자는 조언은 그 어디에도 없었습니다. 더욱 놀라운 것은 그나마 이마저도 공부를 하지 않는 학생들이 대부분이라는 것입니다. 2021년 대학수학능력 시험에서 '경제' 과목을 선택한 학생은 1.2%에 불과한 것이 우리의 현실입니다.

그렇다면 대학에서는 달라질까요? 4차 산업혁명이 도래하고 있는 2023년 대한민국 대학교들의 경제학과에서는 제가 배웠던 1990년대와 똑같은 경제원론, 거시경제, 미시경제, 회계, 통계 등을 그대로 가르치고 있습니다. 수요공급 곡선, 한계 곡선을 잔뜩 그려 놓고 수학 문제 풀이를 연습시키는 것이 오늘날 대한민국의 대학에서 가르치고 있는 경제학입니다.

학교를 졸업하고 직장에 들어가도 나에게 필요한 진짜 경제를 가르쳐 주는 사람은 어디에도 없습니다. 그저, 사기꾼 같은 주식 유튜버들, 보이스피싱인지 진짜인지 구분이 안 가는 부동산 분양 상담사들의 홍보성 낚시 전화만 있을 뿐입니다. 경제 문맹으로 자라났으니 넘쳐나는 정보의 홍수 속에서 어떤 것이 제대로 된 정보인지 분간해 내기가 어렵습니다. 그저, 남들이 좋다는 상품에 별 검증도 없이 따라가 손실을 보거나, 사기꾼에게 속아 피 같은 전세금을 날리는 사례가 속출합니다.

하지만, 너무 속상해할 필요는 없습니다. 진짜 경제가 무엇인지 모르고 사회생활을 해온 사람들이 여러분 세대뿐만은 아니니까요. 월급이 모이면 남들처럼 폼 내려고 차를 사서 몰고, 유럽 여행을 가고, 명품 시계를 사고, 비싼 커피를 마시며, 과시하듯 한턱내고, 뭣 모르고 주식투자에 뛰어들었다가 손실을 보고 그리고 내 통장에는 돈이 하나도 남아나지 않는…. 그러한 시행착오는 저 역시 마찬가지였습니다.

시간이 흘러, 저는 지금 시간부자의 삶을 살고 있습니다. 실패와 시행착오 끝에 경제적 자유를 달성하고 2년 전 만 44세의 나이로 회사에서 조기 은퇴했기 때문입니다. 거의 무일푼으로 사회생활을 시작할 때만 해도 오늘날 제 삶이 이렇게 여유를 가지게 될 줄은 예상하지 못했습니다. 하지만 지금은 저의 노동이 경제활동을 하는 대신 저의 자본과 사업이 경제활동을 담당하고 있습니다. 그리고 그것들은 저를 더욱더 풍요롭게 만들어 주고 있습니다.

만약 지난 실패와 성공의 경험을 간직한 채 20년 전의 저로 돌아갈 수 있다면 그때는 스스로에게 어떤 조언을 해주고 어떤 판단을 내리도록 도와줄 수 있을까요? 여기 서영찬의 스토리가 그때의 저에게 타임머신 선물이 되어 좋은 길잡이가 되었으면 좋겠습니다. 만약, 물리적 법칙 때문에 과거로의 시간여행이 불가능하다면, 이 스토리를 보는 여러분들에게 미래로의 시간여행을 위한 행운의 선물이 될 수 있기를 바라 봅니다.

이야기를 시작하며

#1 추락

땅에 쌓여 있는 새하얀 함박눈의 뽀송뽀송한 느낌은 15년 전이나 지금이나 달라진 게 없다. 다만 달라져 있는 것은, 지금 내가 자동차를 타고 있는 것이 아니라 하늘을 날고 있다는 것이다.

내가 타고 있는 비행장치는 와후스페이스의 주차타워에 부드럽게 착륙해 빠른 속도로 회전하던 프로펠러 속도를 서서히 낮추기 시작했다.

그리고 마중을 나온 와후스페이스 직원들의 모습이 유리창 너머로 보였다. 이윽고, 자동문이 열리자 직원들의 우렁찬 합창 소리가 들렸다.

"서영찬 사장님 오셨습니까! 새로 취임하시게 됨을 축하드립니다!"

"눈 오는데 고생하게 뭐하러 나왔어요. 자 서둘러 갑시다."

직원들의 안내에 따라 도착한 대강당에는 천 명도 넘어 보이는 와후스페이스 직원들이 빈자리 없이 **빽빽**이 차있었다. 그리고 커다란 박수 소리가 터져 나왔다. 이윽고 사회자의 소개 멘트가 이어졌다.

"직원 여러분, 47세의 나이에 와후그룹의 최연소 사장에 취임하시게 된 서영찬 사장님을 이 자리에 모시게 되어 영광이죠? 정말 입지전적인 인물이신데요. 사장님 인사 말씀 부탁드립니다!"

사회자의 소개 멘트를 들으니 잠깐 머쓱한 기분이 들기도 했지만, 밤새 준비해 온 원고를 펼쳐 들지 않을 수 없었다.

"안녕하세요, 여러분. 서영찬입니다…."

15년 전 그날 새벽, 대전에도 함박눈이 내리고 있었다.

그날 아침 6시 시끄러운 알람 소리에 잠에서 깬 나는 습관적으로 머리맡에 있는 스마트폰부터 주섬주섬 챙겼다. 그리고는 화면을 켜고 늘 그렇듯이 뉴욕증시부터 확인했다.

JAN 03, 2023

TESLA 108.1(▼12.24%) closed

숙자를 확인하고 나자, 온몸이 얼어붙은 것처럼 한동안 침대에 꼼짝 않고 앉아 있었다. 그리고는 나도 모르게 눈가에 한줄기 눈물도 흘러내렸다. 그저 오늘 하루 아무것도 하고 싶지 않다는 생각만 들 뿐이었다.

1년쯤 전만 해도 상황은 완전히 달랐다. 유튜브에서 테슬라의 오토파일럿 주행 영상을 본 후 매료되었던 나는 테슬라 자동차를 사는 대신에, 회사생활 5년 동안 모은 돈 6,000만 원 전부를 테슬라에 투자했고, 그 6,000만 원은 한때 1억 원 넘게까지 늘어나기도 했다.

하지만 지금 그 돈은 전날 3,000만 원 수준으로 내려왔고, 그날은 2,700만 원이었다. 내 회사생활 5년의 결과가 바로 2,700만 원이었던 것이다. 순간 내 회사생활 5년의 결과가 0원이 되면 어쩌나 하는 무서운 마음이 들었다.

전량 매도 192주.

조용히 버튼을 클릭한 내게 커튼 사이로 내비치는 하얀 빛이 눈에 들어왔다. 커튼을 열고 창밖을 보니 새하얀 함박눈이 쌓여 영롱한 빛을 반사하고 있었다. 나의 세상과 아름다운 풍경의 세상이 대비되어 무척 괴리감이 느껴졌다.

창밖으로 얼굴을 내밀어 봤다. 차가운 바람이 얼굴을 할퀴며 지나갔지만 여기 12층에서 수직 낙하해 따뜻한 눈 속에 파묻혀 버리면 왠지 따뜻한 세상으로 갈 수 있을 것만 같았다.

그리고는 몸을 일으켜 엉덩이를 창틀에 걸쳐 앉고 땅바닥을 바라보며 소나무 바로 앞, 눈 쌓인 한 지점을 응시했다.

그 순간이었다.

'삐비비빅 삐비비빅~'

날카로운 전화벨 소리가 울렸다. 폰을 들여다보니 이 책임님 전화였다. 습관이란 참 무서웠다. 평소 습관대로 조건반사처럼 이 책임님 전화를 즉시 수신했다.

"아, 네. 이 책임님."

"서 주임? 아, 새벽부터 미안하다. 오늘 신년 전략회의 있는 것 알지? 난 회사에 먼저 좀 나와서 자료 준비하고 있는 중인데 여기 세팅할 게 너무 많다. 출근하면 바로 회의실로 좀 와줄래? 가능하면 빨리 좀 와줘."

"네, 알겠습니다."

시간을 보니 6시 30분을 향해 가고 있었다. 지금 샤워를 하고 옷을 챙겨 입고 나가면 대충 회사에는 7시 30분까지는 도착할 수 있다는 계산이 들었다.

'서두르자….'

준비를 마치고 집 밖을 나선 나는 눈길을 조심조심 밟고 만원 지하철에 몸을 맡긴 채, 그렇게 여느 때처럼 회사로 향해 갔다.

회의실에 도착하니 벌써 팀 직원들 여러 명이 회의 자료를 준비하느라 분주한 모습이었다.

"어, 서 주임 왔니? 여기 자료복사부터 부탁해. 총 30부."

"네, 미리 참석 못 해 죄송합니다. 바로 준비하겠습니다."

복사기에 카피물을 넣고 윙윙거리는 복사기 소리를 한참 듣고 있다 보니, 내가 테슬라를 전량 매도했다는 사실이 문득 떠올랐다. 그리고 한 달 일해서 받는 월급 300만 원이라는 숫자가 무척 가소롭게 느껴졌다. 그 순간 내 안에 쌓여 있던 분노인지 절망인지 모를 감정이 폭발적으로 솟구쳐 올랐다.

"에이 씨! 다 개 같아!"

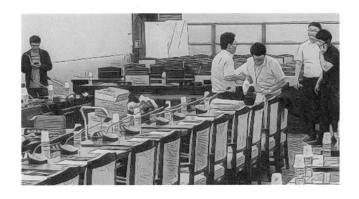

그리고는 복사되어 나온 종이들을 마구마구 바닥에 내동댕이쳐 버렸다.

사람들은 순간 깜짝 놀라며 내가 있는 쪽을 바라봤다. 그리고 이 책임님의 모습도 보였다.

"야 서 주임 너 왜 그래? 미쳤어?"

"에잇 씨! 으아악! 으아아아아!"

  그때 내가 괴성을 지르고 있는 사이, 회의실을 들어오는 발걸음 소리와 함께 낯익은 박 팀장님의 목소리가 들렸다.

"거기 무슨 일인가?"

#2 박봉균 팀장

"왜 무슨 일인데 그래?"

박 팀장님의 나직한 목소리가 들려왔다.

"서 주임이 갑자기 흥분을 해서…. 죄송합니다. 제가 잘 교육시키겠습니다."

이 책임이 박 팀장님 질문에 대답했다. 나를 보호하려는 건지 애매한 뉘앙스의 대답이었지만, 어쨌든 나도 감정이 조금 진정되는 것을 느낄 수 있었다.

박 팀장이 이어 말했다.

"서 주임 이리 와봐. 여기 방으로 들어와 봐."

박봉균 팀장. 나이는 나보다 열 살 정도 많은 듯했다. 별달리 열정을 다 쏟아 일한다는 느낌은 받지 못했지만, 박 팀장님이 계신 우리 팀은 늘 성과가 좋았고 성적에서 한 번도 뒷순위로 처진 적이 없었다.

말과 행동에 언제나 여유가 넘치고 무엇인지 모를 자신감이 묻어 넘치는 사람이었다. 항간에는 강남 아파트 두 채를 가지고 한 채는 월세를 받고 있다는 소문이 들렸다.

"왜 그랬는지 나한테 이야기해 줄 수 있어?"

"저…. 사실은 제가 최근에 주식투자로 손실을 좀 많이 봤습니다. 회사에서 이러면 안 되는데 제가 순간적으로 감정을 컨트롤 못 해서…. 제가 어떻게 됐었나 봅니다. 죄송합니다."

"음…. 서 주임은 또 그럴 것 같은데?"

"네? 아…. 아닙니다. 주의하겠습니다."

"아니 또 손실을 볼 것 같단 말이야. 일단, 서 주임 자리에 가서 조용히 앉아 있어. 오늘 회의는 우리끼리 할 테니 진정 좀 하고 있으라고."

"네…."

근무하던 와후피셀은 태양전지를 연구, 생산, 판매하는 회사였다. 시골에 내려가면 논이나 지붕 위에 펼쳐져 있는 바로 그 태양전지판을 만드는 회사였던 것이다.

대전과학대학에서 천체물리학을 전공한 내가 왜 태양전지 파는 회사에 와서 근무를 하고 있는지 알다가도 모를 일이었지만, 놀랍게도 입사 후 5년 내내 이 회사에서 나름 성실히 근무를 이어 나가고 있는 중이었다. 국내 시장에 태양전지를 판매하는 팀이었다.

회사는 최근 중국 제조사들의 판매경쟁 심화와 글로벌 인플레로 인한 원재료비 상승, 토지 규제 강화 등으로 판매에 어려움을 겪고 있었다. 오늘은 회사가 겪고 있는 판매난 해소 등 올해 전체적인 사업 방향 수립을 위한 신년 전략회의가 있는 날이었다.

그렇게 자리에 쭈그리고 앉아 있던 시간이 얼마나 지났을까 사람들의 웅성거리는 소리가 들려왔다.

"고생하셨습니다. 박 팀장님."

"아니야 이 책임도 수고했어. 아, 거기 서영찬 주임 여기 방으로 와봐."

아침의 일이 민망스러웠던 나는 뻘쭘한 모습으로 박 팀장이 기다리고 있는 방으로 들어갔다.

"서 주임은 주식투자 실패하고 왜 회사에 와서 화풀이하는 건가?"

"죄송합니다. 제가 회사에 와서 이러면 안 되는데…."

"아니 그게 아니고 왜 자꾸 주식투자를 실패하느냐고?"

"네? 그, 그게…."

"내가 공부를 하나 시켜 줄게. 우리가 태양전지 판매하면서 여분 스페어를 얹어 주잖아? 혹시 설치 중에 파손되거나 할 때 대비해서 쓰라고 말이야."

"네."

"때로는 설치를 마친 구매자들이 스페어가 자기네 공간을 쓸데없이 차지한다면서 우리한테 일부를 다시 돌려준다네. 한마디로 시스템에 기록되지 않는 수량들이지. 그렇게 모인 태양전지 200장이 옥천 창고에 보관되어 있네."

"옥천이요?"

"그걸 다시 판매해서 수익이 들어오면 우리는 영업 외 수익으로 잡을 수가 있어. 한 장에 16만 원이 최근 시세이니 못해도 3,200만 원은 수익으로 잡을 수 있겠군. 자네 활약 기대해 보겠어."

"알겠습니다…. 팀장님."

방에서 나온 나는 기회를 주신 팀장님께 고마운 생각이 들었다. 주식투자손실로 자존감이 바닥을 친 상황에서 그나마 나에게 기회를 주신 팀장님의 배려에 고마움이 느껴졌다.

'그래 한번 해보자. 근데 잠깐? 시스템에 기록되지 않는 수량이라고?'

순간 교묘한 계산이 뇌리를 스쳤다. 이 창고 물건은 회사 시스템에 기록되지 않은 수량이니, 구매자에게 판매하면서 내 계좌로 입금을 받으면 회사로서는 알 수 없는 현금흐름이었다.

박 팀장님도 되돌려 받은 스페어를 제대로 시스템에 기록하지 않은 실수가 있기 때문에 내가 개인 계좌로 돈을 받는다고 해도 막상 태클을 걸기 어려운 상황일 테다.

'3,200만 원 먹고 튈까? 일단 판매가 가능할지 먼저 타진을 해보자….'

평소 거래하던 고객들에게 차례차례 전화를 돌렸다.

"송 사장님, 와후피셀 400W급 재고 200장이 있는데 사가실래요? 제가 특별히 장당 18만 원에 쳐드릴게요. 3,600만 원."

"400W급이라고? 마침 필요한 거네? 3,400까지 해줘."

"일단 알겠습니다. 3,400 고민해 볼게요."

"김 사장님, 재고 200장 3,700에 안 사실래요?"

몇 통 전화를 돌리고 나니 최대 3,450만 원까지 판매가 가능함을 확인할 수 있었다.

그리고 하루가 지나고, 이틀이 지나고 판매금액을 어느 계좌로 받을지 고민하고 고민했다.

그리고 며칠 뒤….

"김 사장님 3,450만 원에 판매하겠습니다. 거래하시죠."

"서 주임. 어제 뉴스 못 봤나? 정부 지침이 개정됐잖아. 3월부터 태양광 발전소에서 나오는 전기 판매가격을 제한하기로 했다지 뭐야. 지금 그 가격에 내가 사가면 수익성이 하나도 안 난다고. 2,800만 원이면 고민해 보도록 하지."

"김 사장님 무슨 소리예요? 지난주까지만 해도 3,450이면 사가신다고 했잖아요."
"그건 그때 얘기지. 뉴스나 보게."

바로 송 사장께 전화를 돌렸다.

"송 사장님 3,400에 거래하시죠."

"자넨 뉴스도 안 보나. 그만 끊게!"

일주일 만에 상황은 급변했다. 최근 전기요금 급등으로 인해 정부에서는 한국전력이 발전소들에게 지불하는 전력 구매가격에 상한선을 두기로 결정한 것이었다. 이른바 SMP* 상한제였다.

(*SMP: System Marginal Price, 전력계통 한계가격)

"김 사장님…. 2,800만 원에 거래하시죠."

"서 주임 2,600!"

"네…. 늘 보내시던 회사 계좌로 보내 주세요."

입금을 확인한 나는 판매 사실을 보고하기 위해 박 팀장님 자리로 향했다.

"팀장님 재고 판매건 보고드리겠습니다."

"그래."

"최근 정부정책 변경으로 판가가 급락해 장당 13만 원, 총 2,600만 원 판매하였음을 보고드립니다."

"OK."

"네?"

"도망 안 갔네?"

"네?"

"먹고 안 튀었다고."

"…."

"저녁에 뭐 해? 애인이랑 만나나?"

"아 아닙니다…."

잠시 말이 없던 박 팀장은 빤히 쳐다보며 말을 이었다.

"서 주임은 내가 가끔 부러울 때가 있어?"

"예? 아, 예… 업무를 워낙 프로같이 하시니 많이 배우고 있습니다."

"아니. 서 주임은 내 업무 외의 것을 부러워하고 있네."

"네? 그게 무슨 말씀이신지…."

"궁금하면 저녁에 잠시 시간 비우게. 난 외근 갔다 올 테니 7시쯤 회사 앞 대전포차에서 보자고."

저녁 제의를 받은 나는 어리둥절했다. 팀원끼리 한꺼번에 회식을 한 적은 많았지만, 박 팀장님이 따로 불러 저녁을 같이한 적은 한 번도 없었다. 그러면서도 한편으로는 박 팀장님이 무슨 이야기를 해올지 궁금하기도 했다.

'보나 마나 재고 판매를 제대로 못한 질책일 것이다….'

그렇게 그날은 조금은 걱정되는 마음으로, 조금은 설레는 마음으로 대전 포차를 향해 발걸음을 옮기고 있었다.

포차에 들어서니 박 팀장님이 이미 자리를 잡고 앉아 계셨다.

"서 주임 이리 와. 여기 한잔부터 받으라고."

"내가 여태까지 서 주임 회사 선배 역할만 했는데 한 번도 인생 선배 역할은 못 한 것 같네. 오늘은 인생 선배로서 한잔하는 거야."

"아, 예…. 고맙습니다."

"자본주의에서 살아가는 사람들은 자본의 속성을 알아야 하지. 그건 회사에서 가르쳐 주지 않는 거야. 내가 '회사 선배'로서 역할은 서 주임 같은 후배들이 열심히 일해 조직의 성과를 내게 만드는 거네. 하지만 '인생 선배'로서 말하자면 자본에 대해 눈을 떠야 한다는 말을 해주고 싶군."

"박 팀장님 제가 공과대학 나왔다고 너무 무시하시는데요? 저도 그래도 대학에서 경제원론도 배우고 회계원리도 다 배운 사람입니다."

"아니. 서 주임은 자본의 속성을 전혀 모르고 있어. 현대사회에서 다른 사람들의 먹잇감이 되기 딱 좋지. 크크큭."

'이 사람 뭐지…. 사람 불러다 놓고 비웃고 놀리려고 오라고 했나…?'

"그 재고는 시스템에 안 뜨는 게 맞아."

"네?"

"그래서 관리 측면에서 문제가 있다는 걸 인지하고, 이미 지난주에 회계 팀, 전산팀에 내용을 이야기해서 새로운 재고 관리 시스템을 구축하기로 했네. 아마 다음 주부터 적용될 거야. 그러니까 다음 주부터 적용되기 전 까지는 시스템에 안 뜨는 재고가 맞지."

"아 네⋯."

"내가 자네한테 그 판매를 맡긴 건 자네가 어떻게 할지 궁금해서였어. 만약 자네가 그 재고를 팔아서 먹고 튀었다면, 나로서는 회사에서 패악만 부리는 쓰레기 직원 하나를 내보내게 되는 거니 나쁘지 않았고, 뭐 자네 투자손실도 어느 정도 충당이 되었을 테니 그 정도면 되었겠다 싶었네."

"팀장님⋯."

"만약 자네가 이걸 잘 팔아 와서 회사 수익에 조금이라도 기여를 한다면, 그렇게까지 쓰레기 직원은 아닌 것을 확인하게 되는 거니 이 역시 또한 좋은 일이었지."

"⋯."

"그래서 오늘은 서 주임이 쓰레기에서 벗어난 기념으로 한잔하는 거야. 자, 서영찬 갱생을 위해서 건배!"

그렇게 몸속을 적시는 알코올 성분과 함께 대전의 밤은 점점 깊어져 가고 있었다.

"팀장님 저 근데요⋯. 팀장님 부자세요?"

"응."

"헐, 뭐지! 답변하시는 게 간단명료해서 좋네요. 근데요, 저는 앞으로 어떻게 살아가야 하죠? 정말 막막하단 말이에요. 어떻게 하면 대체 부자가 되는 거예요?"

"서 주임은 너무 건방진 게 문제야."

"제가 뭘요! 왜 세상에 똑같이 태어났는데 팀장님은 부자고, 저는 가난한 건데요? 불공평하잖아요!"

"자네는 그래서 건방지다는 거야. 서 주임은 회사에 언제 들어왔지? 난벌써 거의 20년째 돈을 벌어 오고 있네. 돈 번 지 5년밖에 안 됐으면서 부자가 안 되었다고 불평하는 건 세상에 대해 너무 건방진 거 아니야? 세상이 우습나?"

박 팀장님의 팩트 폭격을 듣고 난 나는 순간 머리를 망치로 얻어맞은 듯한 느낌이 들었다. 그러면서 한편으로는 나도 앞으로 돈을 계속해서 더 벌어 나가면 박 팀장님처럼 부자가 될 수 있을까 하는 의심과 희망이 뒤섞이는 감정이 들었다.

아무 말도 못 하고 있는 사이, 박 팀장님이 계속 말을 이었다.

"세상에 거저 주는 건 없다는 걸 깨우치라고 인마. 서 주임은 노력이나 대가 없이 일확천금을 바라니까 문제가 되는 거야. 로또 1등 당첨확률이 얼마인지 아나? 대략 800만 분의 1이지. 그런데 사람들은 착각을 하더라고. 숫자 45개 중에 6개를 맞히는 게임이니까 1등 당첨확률이 45분의 6이라고 심리적으로 오판을 하지."

"남들도 다 투자해서 돈 거저 버는데 저는 왜 그러면 안 되나요? 개처럼 일만 해서 돈 언제 모아요?"

"그래서 서 주임은 건방지다는 거야."

"네?"

"투자로 돈을 거저 번다는 이야기는 진짜 건방진 얘기지. 유명한 글로벌 투자 운용사들이나 우리나라에 날고 긴다는 주식, 부동산 고수들은 작은 것을 하나 투자하더라도 엄청난 공부와 노력을 한다네. 그럼에도 불구하고 손실을 볼 때가 생기지."

"팀장님 저도 공부합니다. 유튜브를 통해서 차트 보는 법도 배웠고, 이평선, 캔들, 거래량, 수급 따지는 것도 웬만큼 다 하거든요?"

"아, 됐고. 자네는 지금 투자수익보다는 급여소득 늘어나는 비중이 훨씬 더 클 시기이지. 투자라는 팩터를 제거한다면, 자네의 자산이 늘어나는 건 아주 간단해. 서 주임 이번 달 자산은 지난달 자산+월급−지출이야. 여기서 +를 늘리고 −를 줄이면, 자산은 늘어나게 되어 있지."

이번달의 자산 = 지난달의 자산 + 월급 − 지출
다음달의 자산 = 이번달의 자산 + 월급 − 지출

'아…. 또 꼰대 소리구나. 내가 이 소리를 듣고 싶었던 건 아닌데….'

"오늘은 여기까지 하지. 내일 새로운 프로젝트를 하나 맡길 테니 이 책임을 잘 서포트 해서 한번 해봐."

그렇게 박 팀장님과의 술자리는 특별한 꾸중도 없었고, 도움이 될만한 말도 건진 게 없었고, 그냥 술만 잔뜩 취한 채 끝이 났다. 아니 그땐 그렇게 생각했었다.

다음 날 회사….

박 팀장님의 호출 소리가 들렸다.

"이 책임, 서 주임 둘이 잠깐 와보게."

"예."

"넵."

"이번에 SG전자에서 서울 마곡동에 연구동 네 개 동을 짓고 있는 중인데, 여기 옥상에 올릴 태양전지를 입찰에 부친다는군. 용량이 10MW(메가와트)는 되니까 대략 40억짜리야. 둘이 이 프로젝트를 맡아서 수주해 오게. 이 팀장이 PM(프로젝트 매니저), 서 주임이 어시."

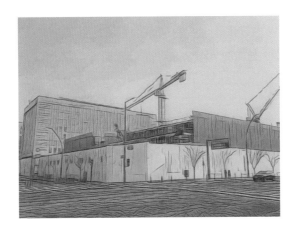

평소 소규모 영세 사장들만 상대해 오던 나에게 갑자기 큰 프로젝트를 맡기니 궁금해졌다. 문득 의심이 들었다.

"팀장님, 이거 사실상 수주 불가능한 건데 어차피 떨어질 거니까 저보고 하라는 건 아니죠?"

"서 주임 넌 새끼야 여기가 아직도 술집인 줄 아냐? 공사 구분 못 해! 이 책임, 저 새끼 데리고 어디 좀 가라."

"넵. 제가 잘 교육시키겠습니다. 팀장님."

이 책임 손에 질질 끌려 나오다시피 한 나는 이 책임에게 물었다.

"이 책임님 우리가 태양전지로 한 번도 입찰에서 성공해 본 적이 없잖아요. 전부 중국산에 가격으로 밀려서 졌잖아요. 입찰이 떴으니 참석 안 할 수는 없으니까 그냥 들러리 서기 아닙니까?"

"서 주임. 너는 그래서 인마 사회생활에 문제 있다는 소리를 듣는 거야. 입찰 못 이기는 거 너만 아냐? 저렇게 업무 지시가 내려왔을 때는 일단 알겠다. 감사하다. 이러고 받는 거야 인마. 그리고 열심히 하는 시늉을 하면 되는 거지."

"헐…. 아니 안 되는 건 처음부터 안 된다고 하고 다른 돈 버는 일을 하는 게 낫지. 그렇게 하는 시늉만 하면 오히려 회사에 미안한 거 아니에요?"

"허허…. 잔말 말고 입찰 안내서나 다운 받아 인마."

이정석 책임…. 서른다섯이니 나보다 세 살이 많았다. 결혼을 하고 아이도 있어서 그런지 회사 일도 열심히 하는 듯 보이고, 윗사람에 대한 충성인지 아부인지도 뛰어난 것 같았다. 하지만 애틋한 마음이 드는 것은 회사에 모든 영혼을 다 바친 듯한 좀비 같은 느낌이 들어서였다.

```
          SG전자 태양전지 입찰 안내문
              (SG-230104-002)


...... 중략 ......


[참여 자격]

1. 최근 3년 평균 연간 5GW 이상 생산한 업체일 것
2. 국내 직영 A/S망을 보유하고 있는 회사
3. SG전자에 납품 실적이 있을 것 (가점 사항)


[선정 기준]

: 제품 기준과 참여 자격을 충족하는 업체중 **최저가**

문의사항 : SG전자 구매본부 남궁진 총괄
         이메일 ngj@sgelec.co.kr
```

'어? 이거 한번 해볼 만하겠는데?'

"이 책임님 이것 승산이 있겠는데요? 이거 A/S망 보유 조건이요. 왠지 중국산 태양전지를 배제하려는 뉘앙스 같지 않아요?"

"야 서 주임 입찰 한두 번 해보냐? 그럴 듯한 말로 꼬셔 놓고 어차피 다 중국산이 수주하게 되어 있는 거야. 그냥 카탈로그 첨부하고 우리 표준 소비자가격 제출하면 돼."

"그런가…?"

이 책임 이야기도 일리가 있었다. 늘 민간기업 입찰에서는 중국산 태양

전지 가격 공세 때문에 항상 수주에 실패만 해왔었기 때문이다. 하지만 확인을 한번 해볼 필요가 있었다.

"김 사장님 저 서 주임이에요. 저번에 사 가신 재고 200장은 잘 쓰셨어요?"

"서 주임 때문에 엄청 비싸게 바가지만 썼지 뭐야. 왜 또 재고가 있어? 얘기해 봐."

"아 재고 얘기는 아니고요. 김 사장님 SG전자 태양광발전소 공사 혹시 참여하신 적 없으세요? 저희 거 사가셔서 평소에 여기저기 공사 많이 하시잖아요."

"나같이 쪼그마한 회사가 웬 SG전자 공사? 아 그리고 보니 하청의 재하청으로 보수공사 한 번 맡은 적은 있었지."

"보수공사요?"

"어 중국산 태양광 패널 썼다가 싹 고장이 나고 깨져 가지고 SG전자가 엄청 골치 아파했었다고 하더라고. 그래서 와후피셀 태양전지로 싹 바꿔주니 아주 좋아했어."

"어 혹시 그때 보수공사 발주했던 SG전자 책임자가 누구였는지 아세요?"

"어 모르지. 아, 가만? 굉장히 특이한 성씨였는데…. 남궁 씨였나? 그리고 이름은 외자였던 것 같아."

"김 사장님 고맙습니다!"

김 사장과 확인을 마친 나는 곧바로 이 사실을 보고하기 위해 찾았다. 마침 박 팀장님 자리에서 회의 중이었다.

"그래서 이 책임. 가격을 얼마로 써내겠다고?"

"38억 9,000만 원으로 정하려고 합니다. 표준 소비자가 40억 원을 다 받으면 좋겠지만, 입찰이기 때문에 조금 더 경쟁력 있는 가격을 정⋯."

"이 책임님! 박 팀장님! 안 됩니다. 49억으로 써서 내죠, 우리."

그렇게 SG전자 입찰안내서에 적혀있던 구매본부장이 김 사장이 말한 남궁진이라는 이름이었음을 확인한 나는 가격을 높게 써내도 될 것이라는 계산이 섰고, 자초지종을 설명해 드렸다.

"박 팀장님 가시죠. 이번에 저희가 이길 수 있습니다."

"이 책임, 자네 생각은 어때?"

"그…. 그래도 49억은 너무 쎈 가격이 아닐까요? 중국 경쟁사 가격도 있고 하니 표준 소비자가보다 살짝 적은 39억 정도로 제출하는 게 좋지 않을까요?"

"이 책임님 뭔 소리예요? 이번에 먹을 수 있다니까요."

"잠깐 조용히들 좀 해봐. 생각 좀 해보게…."

한동안 생각에 잠긴 박 팀장님이 드디어 말문을 열었다.

"어차피 39억에 낸다고 해도 중국 평균 가격이 35억 수준이니 가격으로는 이길 수가 없어. 44억에 써내도록 하자고."

"팀장님 5억은 더 먹을 수 있다니까요?"

"이봐 서 주임. 투찰가 결재권은 나한테 있다는 걸 잊었어? 입찰서 오류 없나 마지막으로 점검이나 하게."

"예…."

그렇게 입찰서를 제출하고 일주일 뒤 드디어 결과가 이메일로 도착했다.

'아 떨린다….'

'딸깍'

'아….'

"이 책임, 서 주임 수고했어. 다 내 불찰일세."

몇억은 더 먹을 수 있다며 49억 원을 고집하던 모습이 너무 창피해서 얼굴을 들 수가 없었다.

한 가지 간과했던 것이 국내 태양전지 제조사가 우리 와후피셀 말고도 더 있었다는 것이었다. 정확히 말하자면 중국 공장을 운영하고 있는 한국 회사였지만 말이다.

"서 주임 거봐라 내 말대로 39억 원 써냈으면, 이윤 많이는 못 챙겨도 최소한 수주는 했을 거 아니야. 다음부터 고집 좀 그만 부려라. 자식아."

"예…. 죄송합니다."

이 책임의 너무도 당연한 논리적인 이야기가 또 한 번 비수를 꽂았다.

'아…. 왜 이리 되는 게 없을까….' 애꿎은 폰만 만지작거리며 뉴스란을 터치하고 있을 때였다.

'띠리링~'

폰에서 차임벨 메시지 소리가 울렸다.

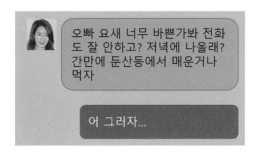

어 그러자...

수연이었다. 군대에서 복학하고 나서 대학교 4학년 때부터 만나온 수연이와는 벌써 6년이 되었다. 왠지 귀티나 보이는 또렷한 이목구비와 새하얀 피부, 긴 생머리…. 그리고 천진난만해 보이는 밝은 성격이 내 시선을 자주 훔쳤고, 수업에서 조별 활동을 같이하면서 점점 그녀에게 빠져들었다.

'그래도 내가 힘들 때 나를 찾아주는 사람은 수연이밖에 없네….'

수연이네 부모님은 대전에서 제법 큰 이탈리안 레스토랑을 경영하고 있었는데, 젊은 사람들이 좋아할 만한 깔끔한 인테리어에 음식 솜씨가 남달라서, 대전과학대학 학생들과 주변 젊은 사람들로 항상 손님이 북적였다. 수연이는 항상 경제적으로 여유가 있어 보였고 최신 스마트폰이나 한정판 가방이 나올 때마다 항상 수연이 손에 들려 있었다.

하지만…. 수연이네도 장기간에 걸친 코로나 19의 깊은 터널을 피해 갈 수는 없었다.

"어 오빠 왔어? 주차는 했고?"

"어 했지."

내 마지막 자존심 메르세데스 벤츠 C클래스였다. 연식이 오래돼서 1,800만 원에 업어올 수 있었던 중고차였지만, 내가 가진 보물 1호였다.

"수연아 미안…. 너무 오랜만에 본다."

"괜찮아 바쁠 수도 있지 뭐. 오빠 이거 비주얼 환상이다. 마라탕은 역시 3단계 정도 먹어 줘야 제맛 아니겠어?"

"어 그래. 수연아…. 너 부모님도 어려우신데 이제 취직을 좀 하든지, 뭐라도 좀 전공을 살려서 해야 하지 않아? 계속 집에서…."

"오빠. 천체물리학으로 뭘 할 수 있을까?"

"오빠를 봐. 천체물리학 전공해도 일반 회사에서 태양전지 판매하고 있잖아. 전공은 크게 상관없어."

"알았어. 일단 이거나 먹자 맛있겠다. 하하."

"엇…. 근데 수연이 너 폰이 못 보던 폰이네? 바꾼 거야?"

"아 참 오빠한테 얘기 안 했구나. 14프로야. 딥퍼플 색상이 엄청 영롱해서 딱 내 마음을 끌었지 뭐야. 하하."

"오빠. 다 먹고 맥주 한잔하러 가자. 매운 거 먹고 나서는 맥주 한잔해
줘야 해."

"어 그래…."

수연이 얘기를 듣고 있자니, 어쩜 저렇게 별걱정 없이 천진난만하게 태
연할 수 있는지 내심 부러운 마음이 들었다. 원래 부유하게 자라서 구김살
이 없는 아이였다.

달라진 것은 수연이네가 어려워졌다는 것이었지만, 평소 밝은 성격은 그
대로였다. 그리고 또 하나 씀씀이도 그대로였다. 매운 마라탕을 먹은 우리
는 수제 맥줏집으로 자리를 옮겼다.

"오빠…. 나 집에서 선보래. 난 전혀 생각 없는데 자꾸 엄마가 성화셔.

직업은 변변찮은데 5층 건물주라나 뭐라나. 이번 주 토요일인데 딱 한 시간만 엄마 심부름 좀 하고 다신 안 볼 거니까 걱정하지 마. 내가 오빠니까 솔직하게 얘기하는 거야. 그리고 오빠 회사에서 바빠도 전화 좀 자주 하기다? 응? 내가 오빠 응원한다는 거 잊지 말라구."

"어…. 그, 그래?"

그렇게 그날 수연이와 만나고 난 나는 집에 와서 흐뭇한 마음이 들었다. 비록 엄마 심부름으로 선을 본다는 게 찝찝하기는 했지만, 회사에서 힘든 일을 겪은 후에 나를 찾아준 수연이 얼굴과 따뜻한 말은 마음속으로 큰 위안이 되었다.

'그래 너를 봐서라도 열심히 해볼게….'

월화수목금. 그렇게 5일의 격무를 끝내고 난 나는 토요일 늦게까지 잠을 잤고, 깨어나 보니 11시가 넘어 있었다. 습관적으로 폰을 확인하니 수연이

한테 메시지가 와있었다.

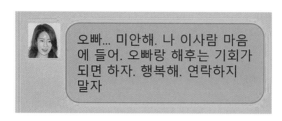

> 오빠... 미안해. 나 이사람 마음에 들어. 오빠랑 해후는 기회가 되면 하자. 행복해. 연락하지 말자

'...'

그렇게 수연이와의 6년이 끝이 났다.

나도 모르게 나는 회사 근처 선술집으로 발걸음을 향하고 있었고, 혼자 자리에 앉은 나는 소주를 연달아 들이켰다. 속이 울렁거려왔지만 그런 것은 상관없었다.

"아…. 아주머니 여, 여기 한 병만 더 주세요. 꺽!"

그때 문득 맞은편 의자에 백발로 염색한 아저씨 한 명의 실루엣이 다가와 앉는 것이 보였다.

"뭐 하냐 여기서? 서 주임."

"어…. 어, 어? 저, 저 팀장님 아니세요? 여긴 어쩐 일로?"

"그래 인마. 마트 지나가다가 어디서 낯익은 찌질이 하나가 혼자 쭈그리고 앉아 있길래 혹시나 해서 들어와 봤더니 역시나네. 뭔 청승이냐?"

"팀장님…. 저…. 여자친구랑 헤어졌어요. 으흑….."

"많이 좋아했냐?"

박 팀장님을 본 나는 왠지 모를 다정함에 이끌려, 그간 수연이와의 추억들을 나도 모르게 박 팀장님께 허심탄회하게 이야기했다.

이야기를 들은 박 팀장님이 위로의 말을 건네오기 시작했다.

"참…. 슬픈 일이구만. 원래 생물학적으로 모든 생물은 번식의 본능이 있지. 대를 잇기 위해서라면 죽음을 맞이하면서도 짝짓기를 하는 엔테치누스라는 동물도 있듯이 말이야. 서 주임도 교미의 대상이 없어졌으니 이 얼마나 애통한 일인가…. 크크큭."

"아 뭔…. 팀장님! 괴로운 사람 앞에서 지금 장난하십니까!"

"아, 아 농담이야 농담 크큭."

어이가 없었다. 팀장으로서의 능력은 훌륭해 보였지만, 사석에서는 공감 능력 제로인 사이코패스 인간으로 느껴졌다.

"서 주임 호모 이코노미쿠스라는 말을 아나?"

"예에? 그건 뭔데요? 저 변태 그런 거 아니에요."

"현생인류를 호모 사피엔스라고 하잖아. 지혜로운 사람이라는 어원인데, 현대 자본주의 체제에서 살아가는 사람들은 모두 경제적인 사고와 행동을 하고 살아간다는 뜻에서 특별히 현생인류와 구분되게 호모 이코노미쿠스(Homo Economicus)라고 부르지. 한마디로 경제인간이라는 뜻이야. 여자친구와의 이별은 안된 일이지만 서 주임이 호모 이코노미쿠스라는 관점에서 본다면 오히려 잘된 일일 수도 있어. 그 아가씨도 서 주임에게는 경제적 플러스를 가져다주지 못할 그저 호모 사피엔스에 머물러 있더군."

호모 이코노미쿠스
Homo Economicus / 경제인간

"팀장님 뭔 말인지 대충은 알겠는데, 저 그 정도로 속물은 아니거든요?"

"10여 년 전 오후 2시쯤에 동일본 대지진이 났을 때 만오천 명이 넘는 사람들이 운명을 달리했어. 비록 우리나라를 쳐들어왔던 일본이지만, 민간인들이 그렇게 참사를 당한 건 무척이나 가슴 아픈 일이었지. 그런데 한편으로는 무슨 생각이 들었는 줄 아나? 저 정도 피해 규모면 엄청난 재건 수요가 있겠구나…. 그래서 그날 금요일 장 마감 직전에 철강 주를 엄청 사들였다네."

"그래서 어떻게 됐는데요?"

"어떻긴. 월요일에 철강, 시멘트, 건설 주들이 폭등했지. 내가 샀던 현대제철도 10%가 넘게 올랐어."

현대제철 시 133,000 고 136,000 저 129,500 종 136,000 ▲ 12,500 +10.12% 거 2,061,788

이동평균 5 20 60 120

| 동일본 대지진이 일어난 다음 거래일 3월 14일의 현대제철 주가. 10.12%가 상승한다.

"한마디로 남의 슬픔을 이용해 돈을 버는 쓰레기 같은 얘기네요."

"크크큭…. 서 주임은 가슴 한구석에 인간미 같은 게 남아 있어서 나중에 정치를 해도 잘하겠는데? 그런데 내가 철강 주를 샀던 행위가 지진 피해자들에게 피해를 준 게 있을까? 피해를 본 사람들이라면 금요일 대지진소식을 듣고 성급하게 주식을 판 사람들이었을 뿐이지. 난 그저 경제적 사고와 경제적 선택을 한 것일 뿐, 그 이상도 이하도 아니었어. 근데 자넨 동일본 대지진 때 만 원이라도 기부를 했나? 난 했는데?"

술이 얼큰하게 취한 상태였지만 맞는 말이기는 했다.

"경제적으로 자꾸 생각하고 상상하는 습관이 중요해. 카타르 월드컵 이후 중국이 마스크를 벗고 위드코로나로 전환하면서 확진자와 사망자가 급증한다고 각종 경제연구소에서 중국 경제가 위축될 거라며 난리를 치더군. 테슬라 중국 판매도 위축될 거라면서 공포를 조장했잖아?"

"네⋯."

"하지만 그것은 중국이 어차피 겪어야 할 과정이었고 집단면역은 경제연구소들이 예측했던 것보다 훨씬 더 빠르게 만들어져 나갔지. 중국의 위드코로나는 결국 세계의 공장이 본격적으로 가동되고 중국이 정상으로 돌아온다는 신호였어. 그래서 테슬라도 선제적으로 가격을 인하해서 점유율을 높여 나가는 전략을 펼쳤고. 하지만 서 주임은 그저 공포에 짓눌려 최악의 순간에서 팔아 버리는 선택을 했지."

때로는 고개가 끄덕여지면서도, 박 팀장님과 얘기를 계속 이어 나갈수록 그가 얼마나 사이코패스의 절정이었는지 다시 한번 느낄 수 있었다.

"지⋯. 지금이라도 다시 살까요?"

"경제적 사고를 하라고 자식아. 경제적 관점에서 보면 그 아가씨는 서 주임한테 별로 좋지 못한 선택이야. 서 주임 얘기를 들으니 그 아가씨는 BPS도 안 좋고 EPS도 꽝이네."

"BP⋯. 뭐, 뭐라고요?"

"역시 주식 망하는 이유가 다 있군. 크크큭. 자네 혹시 부자였으면 그 아가씨를 잡을 수 있었다고 생각하나?"

"네…. 저는 별 볼 일 없잖아요…. 제가 돈이 있었으면 수연이는 다른 남자한테 안 갔을 걸요."

"자네가 부자였다면 아마 그 여자와 헤어졌을걸? 부자가 부자가 된 건 기본적으로 부자가 되고 싶어 했던 열망이 있었기 때문에 가능한 일이지. 진짜 부자가 되고 싶어 하는 열망이 가득한 사람이라면 거의 모든 상황에서 경제적인 선택을 하기 때문에 선택이 달랐을 거야. 자네 정말 부자가 되고 싶은가?"

"네 저는 꼭 되고 싶습니다 팀장님. 그래서 수연이도 다시 찾…."

"알았어. 그러면 이걸 한번 써봐."

박 팀장님은, 테이블에 있던 메모지에 갑자기 줄을 쫙쫙 그어가며, 나에게 내밀었다.

날짜 2023.1.14

재산		빚	
목록	금액(만 원)	목록	금액(만 원)
재산합계		빚합계	
순재산			
지난달 순재산			
지난달 대비 증감			

"어…. 이건 뭐죠? 저한테 자산관리 컨설팅해 주시려고요? 아 이거 쓸 것도 없어서 창피한데….''

"하기 싫으면 나 간다. 쫌 있으면 EPL 축구 봐야 돼."

"아 잠깐만요."

그렇게 머뭇거리던 나는 하나둘씩 빈칸을 채워 나갔다. 인간성 제로인 박 팀장이었지만 그래도 부자의 노하우가 풍기는 박 팀장님이 봐주시는 거라는 생각이 들어서 최대한 자세히 적어 냈다.

날짜 2023.1.14

재산		빚	
목록	금액(만 원)	목록	금액(만 원)
주식 판돈	2,700	자동차 대출 잔금	1,200
입출금 통장	80	마이너스 통장	1,000
자동차	1,800		
월세 보증금	1,000		
재산 합계	5,580	빚 합계	2,200
순재산	3,380		
지난달 순재산	모름		
지난달 대비 증감	모름		

"잘 썼어. 이건 가계부지. 하지만, 흔히 알던 삼겹살 한 근 사고 15,000원 썼고 하는 가계부가 아니라 회사로 따지면 재무상태표 같은 거야. 이걸 다음 달에 업데이트해서 가져와 봐 얼마나 늘었나 보게. 내가 지난번에 얘기했지? 다음 달 자산은 이번 달 자산+월급−지출이라고."

"헐…. 한 달 만에 이걸 어떻게 불려요? 저 원룸 오피스텔 월세 내기도 바빠요."

"그래? 하나 팁을 주지. 서 주임…. 너 존나 가난해. 그게 사실이야. 너도 인정해."

"와우…."

"그리고 또 하나. 자넨 반드시 부자가 될 운명이라고 여기도록 해."

"복창해. 나는 지금 존나게 가난하다. 하지만 반드시 부자가 될 운명이다."

"에이 씨. 나는 지금 존나게 가난하다! 하지만 반드시 부자가 될 운명이다!"

"두 가지 주문을 필요할 때마다 하나씩 골라서 되뇌라고."

"옙!"

"그리고 나는 호모 이코노미쿠스니까 술값은 네가 내. 난 그냥 길을 지나가던 게스트였잖아? 하하하하하."

'쓰레기 팀장….'

그렇게 박 팀장님과 얼큰하게 취한 나는 다음 날 일요일 중천이 될 때까지 깊은 잠에 빠져들었다. 그리고 어느새 한 달이 지났다.

#6 이정석 책임

한 달이 지났지만, 별달리 변한 것은 없었다. 월급은 그대로 300만 원이었고, 원룸 오피스텔 월세, 자동차 할부금, 신용카드 대금, 마이너스 통장 이자는 쏙쏙 빠져나갔다. 오히려 폭등한 가스요금과 전기요금 때문에 지출 압력만 더 높아질 뿐이었다.

그중에서도 가장 힘들었던 것은 108달러에 팔아 버린 테슬라 주가가 한 달 만에 거의 두 배 정도로 올랐다는 사실이었다. 문득 박 팀장님 이야기가 떠올랐다.

'서 주임한테 테슬라를 팔아 버리라고 말한 사람은 아무도 없다네. 공포에 질렸던 자네 선택이었을 뿐이지. 비싼 수업료라고 생각하고 차근차근 시드머니부터 복구해 봐.'

한 달 전 박 팀장님이 건네주신 재무상태표를 엑셀로 만들어 채워 보았다.

날짜 2023.2.14

자산		부채	
목록	금액(만 원)	목록	금액(만 원)
입출금 통장	2,842	자동차 대출 잔금	1,140
자동차	1,800	마이너스 통장	1,000
월세 보증금	1,000		
자산 합계	5,642	부채 합계	2,140
순자산	3,502		
지난달 순자산	3,380		
지난달 대비 증감	122	▲	

지난달에 비해 크게 늘어난 것은 없었지만 백만 단위가 3에서 5로 올라가고, 채워 놓고 나니 묘한 느낌이 들었다. 뭔가 게임 캐릭터 레벨을 올리는 것처럼 흥미가 느껴졌다.

'다음 달에는 좀 더 레벨업 해봐야겠어…. 박 팀장님이 그때 말한 게 바로 이 소리였나….'

'서 주임. 돈 쓰는 데서 재미를 느낄 게 아니라, 돈 늘어나는 재미를 취미로 가져 보라고.'

'그래…. 경제적으로 사고해 보자. 어떻게 하면 다음 달에 좀 더 레벨업을 할 수 있을까….'

그렇게 골몰히 생각을 하고 있는 중에, 사무실 옆 팀 쪽에서 날카로운 소리가 들렸다.

"이 책임님! 지금 뭐 하시는 거죠?"

"아 주희 씨 왜 갑자기 정색을 하고 그래 하하."

"사과하세요. 저 매우 기분 나쁩니다."

"주희 씨 왜 별것도 아닌 것 가지고 그래?"

"주희가 아니고 한 주임이요. 저도 엄연히 직급이 있는데 한 주임이라고 부르시고요. 별거 아니라고요? 방금 했던 말 정식으로 사과하세요. 사과 없으시면 회사와 사회에 정식으로 문제 제기하겠습니다."

"아 미안…. 미안해, 한 주임."

멀리서 상황을 지켜보던 박 팀장님이 눈을 마주친 이 책임을 손가락질로 부르는 모습이 보였다.

쭈뼛쭈뼛 다가오던 이 책임이 박 팀장님 앞에 섰다.

"뭐냐?"

"아 저기 팀장님…. 이번에 정기보수 때문에 생산라인 잠시 스톱돼 있지 않습니까. 그런데 지금 판매하기로 한 물량을 제때 납품 못 하게 생겨서요. 그래서 미주팀 주희 씨한테 미국 나가는 물건 좀 잠깐만 빼달…."

"이정석. 나 바쁜 사람이야. 두괄식으로 좀 얘기할 수 없나? 왜 한 주임이 화가 났냐고."

"아 그…. 그게 저기. 결국 주희 씨가 못 빼주겠다고 해서 요새 몸매가 예뻐졌다고 한마디 했습니다. 그리고 휴, 흉부 성형 어디서 했냐고도…."

"이거 큰일 날 친구일세! 시대가 바뀐 거 몰라? 한 주임이 그냥 넘어가려는 듯하니 다행이지만, 만약에 성적 수치심을 느꼈다면 어떡할 텐가? 아니 내가 당사자라도 충분히 그렇게 느낄 것 같은데? 이거 자네한테 이런 일로 문제 생기면 가족은 무슨 낯으로 볼 거야? 가서 다시 사과하고 와. 사과에는 잘못한 부분에 대한 인정, 미안한 마음의 정성스러운 전달, 재발 방지 약속. 세 가지가 다 들어 있어야 진정한 사과인 거야."

"네…. 팀장님. 제가 잘못했습니다."

"그리고 정기보수 하는 거 몰랐어? 다 알고 있었으면서 왜 고객한테 사정 설명을 안 하는 거야? 일단 판매 성사만 시켜놓고, 납품은 나중에 될 대로 돼라 이거야? 그리고 한 주임이라고 인마. 주희 씨가 아니고."

"죄송합니다."

"빨리 가서 사과해."

그렇게 한바탕 소동이 지나갔다. 그리고 쭈뼛한 모습으로 자리에 돌아온 이 책임에게 물었다.

"이 책임님 그 납기 급한 용량이 얼마예요?"

"어? 어…. 500㎾(킬로와트). 왜 도와줄라고?"

"혹시나 한번 알아볼라고요."

한 주임은 나이는 나보다 두 살 어리지만 입사 동기였는데, 평소 눈에 띄는 스타일은 아니어서 존재감은 적었지만 영어 실력도 좋았고 업무 능력은 꽤 우수한 평판을 받고 있는 모양이었다.

입사 동기가 이 책임한테 봉변을 당하는 걸 보고 있자니 기분이 썩 좋진 않았지만, 그렇다고 회사의 급한 납기건을 모른 체할 수는 없는 일이었다.

"김 사장님. 이번 달 800㎾ 들어오는 거 있잖아요. 그거 급한가요?"

"어 서 주임 안 그래도 전화하려는 참이었는데, 생각보다 토목공사가 좀 늦어지네? 200㎾만 이번 달에 주고 600㎾는 다음 달에 받을 수 있을까?"

"이번 달에 300㎾요. 설치하고 남는 100㎾는 현장에 좀 쌓아 두고 계세요."

"오케이. 그 정도 땅 여유는 되지."

그렇게 이 책임 납품건은 해결이 쉽게 되었다. 궁금한 것은 '한 주임은 이 책임의 사과로 기분이 좀 누그러졌을까…?'

이 책임이 박 팀장님께 보고하는 소리가 들렸다.

"하하…. 팀장님 제가 국내 사업장 납품대기건을 전수 조사했습니다. 그런데 마침 김 사장 납품건 800㎾ 중 500㎾는 여유가 좀 있어서 그것을 먼저 앞으로 당기고, 다음 달에 보충해 주기로 했습니다. 처음에는 여유가 없다고 하던 걸 제가 설득해서 뒤로 좀 미뤘습니다. 하하."

"오 그래? 잘했구만. 다음부터는 납기 확인도 안 하고 무조건 지르지 말라고. 장기간 사업을 이어 나가려면 고객과의 신뢰도 중요한 거야. 그리고 직원들 사이에서 언행 조심하고."

"넵 팀장님 명심하겠습니다! 하하. 팀장님 오늘따라 피부가 되게 매끈하신데요?"

"아 그래 보여? 내가 요새 신상 링클프리 로션을 좀 발랐더니 괜찮아졌나 보네? 크하하."

"아 참 팀장님. 저는 영업전략회의 자료 준비 때문에 가서 일 좀 보겠습니다. 오늘 밤늦게까지 야근 좀 해야 할 것 같습니다!"

"그래 수고가 많다. 난 거래처 약속이 있어서 먼저 나간다."

"네 팀장님! 일 잘 보고 오십시오!"

별로 일부러 듣고 싶은 생각은 없었지만, 아무래도 김 사장 납품건 얘기가 들리다 보니 자연스럽게 듣지 않을 수가 없었다. 그리고 해는 어둑해지고 어느덧 퇴근 시간 오후 5시 30분…. 그리고 31분…. 32분….

영업전략회의 자료 취합을 맡았던 나는 이 책임이 제출한 자료에 궁금한 게 생겨서 말을 걸었다.

"이 책임님 경쟁사 제품 데이터 이거요."

"어 서 주임. 나 먼저 퇴근할게. 자료 얘기는 나중에 하자고? 응?"

"예? 아까 야근한다고 하지 않으셨어요?"

"아…. 오늘 고딩 동창들하고 한잔하기로 한 걸 깜빡했지 뭐야. 나 늦었다. 먼저 간다~."

"어…. 이, 이거"

그렇게 이 책임은 쏜살같이 사라져 버렸다. 그리고 이 책임이 사라진 출입문 코너 쪽 옆 팀 사무실 쪽에서 흐느끼는 여자 목소리가 들렸다. 한 주임이었다. 뭐라도 위로를 해주고는 싶었는데, 무슨 말을 건네야 좋을지 잘 떠오르지가 않았다.

"음…. 으흠…. 한주임…. 속상한 거 이해해. 하지만 이 책임이 잘 몰라…."

"서 주임님이 이 책임 대변인이에요? 그냥 가세요. 혼자 있고 싶어요."

"어…. 미안 그래…. 파이팅!"

'에이…. 나 살기도 바쁜데 괜히 오지랖 떨지 말자….'

그렇게 9시가 넘어서 사무실을 나선 후 자취방에 도착하자마자, 다음 달 레벨업을 위한 구상에 착수했다.

'그래 다음 달 좀 더 레벨업 하기 위해서는 이게 좋겠어. 아쉽지만 어쩔 수 없지….'

그렇게 나에게 조금씩 변화가 찾아오기 시작했다.

날짜 2023.2.28

자산		부채	
목록	금액(만 원)	목록	금액(만 원)
자동차 매도금	1,780	자동차 대출 잔금	1,140
입출금 통장	2,980	마이너스 통장	1,000
월세 보증금	1,000		
자산 합계	5,760	부채 합계	2,140
순자산	3,620		
지난달 순자산	3,502		
지난달 대비 증감	118	▲	

날짜 2023.3.31

자산		부채	
목록	금액(만 원)	목록	금액(만 원)
정기예금	3,000	자동차 대출 잔금	0
입출금 통장	150	마이너스 통장	360
월세 보증금	1,000		
자산 합계	4,150	부채 합계	360
순자산	3,790		
지난달 순자산	3,620		
지난달 대비 증감	170	▲	

날짜 2023.4.30

자산		부채	
목록	금액(만 원)	목록	금액(만 원)
정기예금	3,010	자동차 대출 잔금	0
입출금 통장	20	마이너스 통장	0
월세 보증금	1,000		
자산 합계	4,030	부채 합계	0
순자산	4,030		
지난달 순자산	3,790		
지난달 대비 증감	240	▲	

"예에에~. 드디어 3레벨에서 4레벨로 업그레이드! 부아아아악. 이대로 100레벨까지 쭈욱 가자! 10억 고고고."

예전의 취미가 유튜브에서 자동차나 신상 전자제품, 운동화를 구경하는 것이었다면, 이때의 취미는 자산 불리기로 바뀌어 있었다. 한 달 한 달 늘어가는 숫자가 그렇게 재미있지 않을 수 없었다. 특히, 자동차 할부 이자와 마이너스 통장의 이자를 없애고 불필요한 소비를 줄이고 나니 매월 증가하는 숫자가 크게 늘었다.

인스타그램이나 페이스북에서 누가 뭘 사고, 뭘 먹고, 어딜 가고 하는 것들도 크게 관심이 없어져서 접속 빈도도 크게 줄어들었다. 왜냐하면 그때의 나는 가난했지만 반드시 부자가 될 운명이라고 생각했기 때문에 남들의 소비에 크게 관심이 없어져서였다.

그렇게 싱그러운 계절 속 5월 1일 근로자의 날에 평소처럼 반찬 재료들을 사러 마트로 향하고 있는 중이었다.

"헉…. 헉…. 헉…. 헉…."

멀리서 숨을 가쁘게 몰아쉬며 달리고 있는 사람을 자세히 보니, 선글라스를 끼고 겉멋을 잔뜩 부린 박 팀장님이 동네를 뛰고 있었다.

"팀장님! 박 팀장님!"

"어…. 헉…. 헉…. 서 주임이냐? 인마 너도 같이 뛰자."

"예? 어…. 어…. 저 마트…. 헉."

나도 모르게 박 팀장님 손에 이끌려 동네 공원 길을 한참 같이 뛰고 나서야, 벤치에 앉아 휴식을 취할 수 있었다.

"헉…. 헉…. 박 팀장님 왜 이리 잘 달리세요? 헉…. 헉…. 숨이 터져 죽을 것 같아요."

"젊은 놈이 왜 이리 저질 체력이냐? 긍정적인 마음은 건강한 체력에서 나오는 거야. 이렇게 달려 봐. 세상이 얼마나 아름답냐. 스스로한테 자신감도 생기고 말이야. 이게 다 호모 이코노미쿠스를 위한 활동이라고."

"네? 달리는 게 경제인간을 위한 활동이라고요?"

"그럼. 오래 살아야 국민연금도 오래 받아먹을 거 아니냐. 직장 다니면서 국민연금 엄청 내고 나중에 찔끔 타 먹고 죽으면 억울하지 않겠냐? 하하하."

"…."

"농담이고, 건강한 마음과 낙관주의적인 사고는 부를 이루어 가는 데 있어서도 정말 중요해."

"팀장님 저 이거…."

4월 말 기준 재무상태표를 인쇄해 접어둔 종이를 박 팀장님께 슬쩍 내밀어 보여 드렸다.

"호오 잘하고 있는데? 늘어나는 거 보니까 재밌지? 근데 미련하게 이래 가지고 대체 언제 부자 될라고?"

[주희의 일기장]

2023. 5. 1. 날씨 화창함.

내 이름 한주희는 두루 주㈜ 기쁠 희(喜). 세상 사람들을 널리 기쁘게 하라는 뜻에서 아빠가 지었다고 한다.

하지만 지금은 세상 사람들을 기쁘게 하기는커녕 나조차도 별로 즐거운 일이 없으니, 이름은 반대로 간다는 옛날 어르신들의 얘기가 맞는지도 모르겠다. 차라리 한개똥이나 한추녀로 지어주지!

그래도 어렸을 땐 공부를 곧잘 하고는 했다. 선생님들이 주는 질문에 정답을 말하고 칭찬 받았던 게 습관이 되다 보니 자연스럽게 공부와 친해지게 됐고 나름 소질도 있는 듯했다. 우수한 성적표를 받아 집에 가져오면 항상 엄마 아빠가 항상 기뻐하셨다. 비록 넉넉지 못한 형편이기는 했지만, 초등학생, 중학생 때를 생각해 보면 지금 돌이켜 봐도 좋은 기억들이다.

근데 문제가 생긴 건 고등학교 때였다. 우연한 기회로 왕가위 감독의 〈중경삼림〉을 보게 되었는데, 그 이후로 나는 왕가위 감독의 모든 영화와 양조위, 금성무가 나오는 영화를 챙겨 보고 왕페이의 노래에 흠뻑 빠져들게 되었다.

그렇게 성적은 곤두박질쳤고, 수학에 재능이 있던 내가 충서대의 중어중문학과를 진학하게 된 것은 어릴 때는 전혀 상상할 수 없는 일이었다.

그리고 취업을 하려면 영어 실력이 기본은 되어야 한다고 들어서 대학 내내 미드와 할리우드 영화에 빠져들고, 케이블 TV에서 나오는 CNN과 BBC를 끼고 살았다. 그래서 내 영어를 들으면 다들 유학생 출신이거나 미국에서 몇 년 살았던 사람인 줄 안다.

5년 전에 우여곡절 끝에 들어온 회사생활은 나름대로 재미가 있었다. 내 영어 실력으로 해외 바이오들과 만나 제품을 원활하게 상담할 때면 뿌듯했고, 가끔씩 주어지는 미국 출장 기회도 삶의 활력소가 되었다. 그리고 5년 동안 악착같이 모으고 저축한 내 1억 원은 정말 자랑스럽다.

하지만 스물다섯 청춘에 회사에 들어와 훌쩍 서른이 되어 버린 나는 조금씩 일상의 매너리즘에 빠져들었고, 앞으로는 어떻게 살아가야 좋은 삶일지, 결혼을 해서 아이를 낳아 키우고 살아야 할지 계속 이렇게 지내면 되는지 혼란스러웠다.

또한 회사생활은 일 잘하는 것만 가지고는 부족하다는 것을 뒤늦게 깨달았다. 객관적으로 내 역량이나 퍼포먼스가 더 좋았는데도, 보이지 않는 성차별로 남자 직원이 더 우수한 평가를 받는 일이 종종 생겼고, 모두가 좋아하는 옆 팀 중남미 판매팀의 여직원을 보면 항상 얼굴에 미소가 가득하고 뛰어난 사회생활 센스가 있는 것이 느껴졌다.

그래서 나도 변화의 필요성을 느꼈고, 점점 불어나는 몸무게에 석 달 전부터 운동을 시작했었다.

근데 하필 운동을 시작한 첫날, 바로 그날 국내판매팀 이정석 책임이 몸매가 어쩌고저쩌고하며 깐죽거렸던 것이었다. 나도 왜 그랬는지 모르겠는데 그날 정말 화가 많이 났었고 펑펑 울었다.

그리고 한 사람이 다가왔다.

"주희 씨 속상한 거 이해해…. 파이팅!"

서영찬.

나보다 두 살 많은 입사 동기인데, 특별히 눈에 띄지도 않았고 지질해 보이기만 했다. 그런데 어느 순간 두어 달 전부터 서영찬에게서 빛이 나기 시작했다. 지질한 표정은 무엇인가 자신감 있는 표정으로 바뀌었고, 가진 돈은 없어 보였지만 남들한테 별로 주눅 들지 않고 당당하게 행동하기 시작했다. 왜 자꾸 그가 눈에 들어올까?

오늘도 하마터면 서영찬을 마주칠 뻔했다. 공원 길을 한창 달리고 있는데 저 멀리 벤치에서 서영찬이 자기네 박 팀장님과 앉아 뭔가 쪽지도 주고받으며 얘기를 하고 있는 게 보이더라고!

화들짝 놀라 그대로 유턴해서 반대 방향으로 뛰어가 버렸다.

서영찬이 자꾸 생각이 난다. 그를 좀 더 알고 싶어졌다. 혼자만의 주책없는 상상이지만 서영찬 같은 사람하고 결혼을 하면 어떨까? 어차피 나도 부자는 아니니까 부자 남자보다는, 지금은 가난하지만 같이 열심히 벌어서 미래의 가능성을 함께 꿈꾸는 사람이면 참 좋을 것 같다.

새로 한 머리가 서영찬의 마음에 들까?

중학교 때 쓰고 안 쓰던 콘택트렌즈도 새로 쓰기 시작했는데….

아무튼 새로운 마음이 생겨 왠지 싱숭생숭한 5월의 첫날이다.

그렇게 나는 오늘도 열심히 달리고 있다.

그리고 내일도 달릴 것이다.

오늘의 일기 마침.

#8 BPS, EPS

"팀장님. 아니 언제는 돈 쓰지 말고 돈 늘리는 재미를 가져 보라면서요?"

"내가 서 주임한테 돈 늘리는 재미를 가져 보라고 했지, 은행 저금만 왕창 하라고 한 건 아닌데?"

"주식투자는 너무 무서워서요. 당분간 쳐다보기도 싫어요. 조금씩 붙는 이자이지만, 매월 조금씩 늘어나는 자산으로 만족하고 있습니다."

벤치에서 박 팀장님과 대화를 주고받던 사이, 옆에서 누군가 우리 쪽 방향으로 달려오다가 갑자기 확 뒤돌아 뛰는 여자가 언뜻 보였다.

"서 주임. 저 친구 미주팀 한 주임 아니냐?"

"에이 그럴 리가요? 근처 사는 여대생이겠죠."

"아니야 내가 요새 뛰다가 한 주임 몇 번 봤는데 요새 운동 엄청 열심히 하더라고. 사람이 완전히 달라졌어. 어쨌든 서 주임은 지금 큰 착각을 하고 있어."

"에이 한 주임일 리가 없잖아요."

"아니. 예금 이자로 자산이 늘어난다고 생각하는 거 말이야."

"하…. 못 믿으시는 것 같은데 늘어나고 있는 것 맞습니다. 제 계좌 화면 보여 드릴까요?"

"코딱지만 한 돈 안 보여 줘도 돼 크큭…. 대신 이걸 물어보지. 작년 대전반점 간짜장값이 얼마였어?"

"6,000원요?"

"그래. 근데 지금 7,000원 받잖아. 서 주임 태어날 무렵 1990년쯤에 짜장면값이 얼마였는지 아나?"

"한…. 2,000원?"

짜장면 가격 추이
단위: 원

15   200   800   1300   3000   4500

1960   1970   1980   1990   2000   2010

자료: 인천 짜장면박물관

"비슷해. 1,300원 정도 수준이었지. 근데 서 주임도 1990년 짜장면값이 2,000원쯤 됐을 거라고 예상하는 걸 보면 이미 자네 말에 무슨 문제점이 있는지 알고 있다는 거잖아? 바로 화폐의 가치는 시간이 갈수록 하락한다는 것. 바꿔 말하면 화폐는 시간가치를 갖는다는 사실을 말이야."

"그 정도는 저도 압니다, 팀장님."

"허허. 그걸 아는 사람이 은행 예금으로 자산이 늘었다고 좋아하고 있는 거야? 마트에 가서 보면 야챗값이 올랐다가 내리기도 하고, 휘발윳값이 엄청나게 뛰었다가 다시 내리기도 하니까 사람들이 흔히들 물가는 오르기도 하고 내리기도 하는 거라고 착각하지."

"물가가 실제로 내리기도 하지 않나요?"

"물가는 자본주의 체제가 정상적으로 작동하는 이상 계속 오르는 것이 정답이야. 일부 품목의 단기적인 가격 변동과 전체적인 긴 추세에서의 흐름은 구분해서 봐야 해. 소비자 물가지수*는 전체적인 물가 흐름, 즉 화폐 가치의 하락 속도를 쉽게 볼 수 있게 해주지. 그리고 금리도 마찬가지야."

(*CPI: Customer Price Index, 소비자 물가지수)

"금리요?"

"그래 금리. 돈 맡기는 예금금리를 수신금리, 돈 빌리는 대출금리를 여신금리라고 하는 건 알지?"

"제가 바봅니까…. 하하."

"보통 여신금리는 물가상승률보다 높고, 수신금리는 물가상승률보다 낮은 게 일반적이야. 즉, 자네가 은행에 예금해서 받는 수신금리는 물가상승률도 못 따라가고 있을 가능성이 크지. 예금만 했다가는 내년에 짜장면도 제대로 못 사 먹는다고. 참고로 2022년 물가상승률은 5.1%였고, 올해 물가상승률 기관 전망치는 3.8%야."

여신금리 > 물가상승률 > 수신금리

"오…. 팀장님 저 수신금리 좋을 때 특판 상품으로 예금해서 금리 4%짜리로 했어요."

"와 축하해. 물가상승률보다 0.2% 정도 수익을 보는 것에 대해 말이야. 크크크큭."

"우씨…. 그럼 대체 어쩌라는 거예요?"

"내가 지금 얘기한 건 자본소득에 대한 것만 말한 거야. 자본소득은 최소한 물가상승률보다는 더 나와야 투자에 성공했다고 말할 수 있다는 것을 얘기한 거지. 그 외에 서 주임은 노동소득이 있지 않나? 지금처럼 노동소득에서 불필요한 지출을 줄여서 꾸준히 자산화하고, 그 늘어난 자산을 물가상승률 이상으로 계속 불려 낸다면 좋은 방향으로 나가고 있는 건 확실하니까 걱정하지 말라고."

"아니 팀장님 얘기가 맞다면, 올해 물가상승률이 3.8%인데, 은행 예금 4% 받아봤자 0.2% 수익밖에 못 보는 거고, 이래서 도대체 언제 부자가 되냐고요?"

"일을 열심히 해서 좋은 고과를 받아 이놈아. 그래야 보너스도 많이 받고 노동소득을 늘릴 거 아니야."

"팀장님…. 저 정말 죄송한데요. 저는 딱 월급 받는 만큼만 일합니다. 정시출근, 정시퇴근! 그리고 빨리 부자 돼서 최대한 일찍 은퇴하는 게 제 목표입니다!"

"그런 놈이 시도 때도 없이 야근은 왜 하냐?"

"그, 그건…."

"그리고 석 달 전쯤 이 책임 재고 문제 된 케이스도 서 주임이 거의 자기 일인 것처럼 해결해 줬잖아."

"엇…. 그건 어떻게 아셨어요?"

"너도 팀장 돼봐라. 웬만한 건 그냥 다 보인다."

그렇게 벤치에 앉아 박 팀장님과 얘기를 나누는 사이, 하늘은 어느덧 어둑해져 가고 있었고, 자리를 마무리하기 전 박 팀장님이 이야기를 덧붙였다.

"만약에 서 주임을 신랑감으로 생각하는 아가씨가 있다면, 서 주임의 뭘 보겠냐?"

"그야 뭐…. 제 나름 준수한 외모요?"

"그 아가씨는 경제인간이거든. 서 주임처럼 멍청한 인간이 아니라."

"아…. 경제인간요…. 그럼 제 재산을 보겠네요. 아…."

"그렇지. 또?"

"제 월급?"

"그래. 맞아. 사업소득이 없는 직장인이 물가상승률 이상으로 돈을 많이 벌기 위해서는 월급에서 남겨 모으는 돈, 즉, 노동소득의 가처분소득을 늘리고, 자본소득을 극대화하는 방법밖에 없지. 그리고 자본소득의 핵심은 대한민국에서는 부동산 같은 자산 투자와 주식이나 채권 같은 금융 투자야. 아가씨가 경제인간이라면 서 주임의 재산과 월급을 보는 건 아주 자연스러운 일이지."

"그…. 그렇겠죠?"

"집에 가서 BPS와 EPS가 뭔지 공부나 해봐. 본인이 확실히 이해해서 다른 사람에게 설명할 수 있을 정도가 될 때까지 말이야. 그게 주식투자의 첫걸음이니까. 이것도 모르고 주식투자를 한다는 건, 똥인지 된장인지도 구분 안 하고 마구마구 찍어 먹는 것과 똑같지. 근데 서 주임이 삼겹살에 똥을 찍어 먹으면 무슨 맛이 나려나? 으크큭 크큭 카하하하."

마치 실성한 인간처럼 느껴졌다. 어쨌든 그렇게 박 팀장님이 얘기했던 용어를 폰에다가 잘 메모해 놓았던 나는, 마트를 들러 찬거리를 산 후 집에 가서 노트북을 켜고 검색을 해봤다.

BPS는 바로 Bookvalue Per Share. 즉, 1주당의 재산(순자산) 가치를 나타내는 지표였다. 순자산은 전체 자산에서 부채를 뺀 것이고, 기업의 순자산 전체 규모는 너무 크기 때문에 이를 주식 수로 나눠서 나타낸 BPS값은 순자산 가치를 파악하기 용이한 방법이었다. 즉, 회사의 재산 상태를 파악하는 지표였던 것이다.

'아…. BPS라는 건 순자산을 주식 수로 나눈 거구나. 내 순자산이 4,000만 원이고 내 몸은 쪼갤 수 없으니까 1주라고 보면…. 그럼 내 BPS는 4,000만 원이 되는 건가?'

주당순이익(EPS)

요약 기업이 벌어들인 순이익(당기순이익)을 유통되는 보통주 주식 수로 나눈 값으로, 해당 회사가 1년간 올린 수익에 대한 주주의 몫을 나타내는 지표라 할 수 있다.

외국어 표기	Earning Per Share
약어	EPS

주당순이익(EPS)은 기업이 벌어들인 순이익(당기순이익)을 주식수로 나눈 값으로, 1주당 이익을 얼마나 창출하였느냐를 나타내는 지표이다. 즉 해당 회사가 1년간 올린 수익에 대한 주주의 몫을 나타내는 지표라 할 수 있다. 또한 주당순이익은 주가수익비율(PER)계산의 기초가 되기도 한다.

EPS가 높을수록 주식의 투자 가치는 높다고 볼 수 있으며, 그만큼 해당 회사의 경영실적이 양호하다는 뜻이다. 따라서 배당 여력도 많으므로 주가에 긍정적인 영향을 미친다. EPS는 당기순이익 규모가 늘면 높아지게 되고, 전환사채의 주식전환이나 증자로 주식수가 많아지면 낮아지게 된다. 특히 최근 주식시장의 패턴이 기업의 수익성을 중시하는 쪽으로 바뀌면서 EPS의 크기가 중요시되고 있다.

　반면 EPS는 Earning Per Share, 즉, 재산 상태가 아니라 지난 1년간의 이익을 측정하는 지표였다. 사람으로 치면 그 사람의 재산이 아니라 연봉이 얼마나 되나, 연봉에서 소비를 빼고 남는 돈은 얼마나 되나를 측정하는 지표였다. 역시 기업의 1년 순이익 규모도 매우 크기 때문에 이 순이익을 주식 수로 나누어서 계산한 EPS는 이익 가치를 파악하기 용이한 방법이었다.

　'EPS는 1년간 벌어들인 순이익을 주식 수로 나눈 값이라⋯. 그러면 내가 1년 버는 연봉이 3,500만 원이니까 내 EPS는 3,500만 원이 되는 건가? 아니지⋯. 순이익이라는 것은 비용을 빼고 남은 돈이니까, 내가 쓰는 비용들을 빼고 남는 돈, 모으는 돈 기준으로 잡아야 되겠구나. 지난 1년간 모은 게 한 1,500만 원은 되나? 좋아 내 EPS는 1,500만 원! 뭐야? 쉽잖아⋯.'

그리고는 문득 테슬라의 BPS와 EPS가 얼마였는지 궁금한 생각이 들었다.

'근데 잠깐…. 내가 주식 할 때 테슬라의 BPS와 EPS가 얼마인지를 찾아 본 적이 있었던가??'

테슬라뿐만이 아니었다. 여태 주식투자를 하면서, 단 한 번도 해당 종목의 순자산이 얼마나 되는지, 그 회사가 1년간 돈을 얼마나 벌었는지 확인해 본 사실조차 없다는 것을 깨달았다. 그리고 박 팀장님이 마지막에 가면서 했던 이야기가 또 한 번 떠올랐다.

'자네가 만약에 말이야 10억 정도를 들여서 창고를 하나 산다면, 그 땅값이나 건물값 같은 재산 가치를 봐야 하겠지? 주변 시세도 보고? 10억이나 투입하는데 그게 적절한 가격인지를 알아야 할 거 아니겠어? 하지만 그보다 중요한 건 창고가 화주들의 보관 수요가 얼마나 많은지, 돈을 잘 벌고 있는지를 따져 보는 거야. 이렇게 순자산 가치와 순이익 가치를 따져 보는 건 주식투자뿐만 아니라 모든 분야의 투자에 있어서 가장 기본이지. 이 기본도 안 된 서영찬아.'

'그래…. 기본부터 시작해 보자.'

나는 바로 삼성전자의 2022년 12월 31일 기준 BPS와 EPS를 체크해 보았다.

삼성전자 주식 수 59.7억 주, 순자산 366조, BPS 61,306원, 순이익 54.4조, EPS 9,112원, 22년 종가 55,300원.

'1주당 순자산이 61,306원이고, 1주당 1년에 버는 돈이 9,112원이면, 거래되는 시장가치는 주가 55,300원보다는 비쌌어야 할 것 같은데? 왜 이리 낮았던 거지….'

이어서 평소 관심 있던 셀트리온을 찾아보았다.

셀트리온 BPS 29,860원, EPS 4,159원, 22년 종가 160,500원.

'뭐지…. 1주당 재산 가치가 3만 원 정도고, 1주당 1년에 버는 돈이 4,159원이면, 1주 단위로 봤을 때 재산이나 이익이나 삼성전자의 절반 수준인데, 왜 주가는 절반이 아니고 세 배인 거지? BPS, EPS 가지고 주식투자를 하라고? 아…. 뭐가 뭔지 하나도 모르겠어!'

그렇게 혼자 궁시렁거리던 나는 그날 하루 몸과 머리를 써서 피곤했는지 깊은 잠에 빠져들었다. BPS, EPS와 주가와의 상관관계에 대한 해답은 찾을 수 없었지만, 그 개념만큼은 완벽하게 이해한 것 같아 뿌듯했다.

그리고 5월 2일 출근 날이 되었다. 그날따라 잠에서 일찍 깬 나는 마침 오전에 손님도 방문하기로 되어 있어서 회의 자료 준비도 할 겸 일찍 사무실로 향했다. 현관 자동문을 열고 들어서면 항상 한주희 주임 자리 쪽을 지나쳐서 가게 되어 있는데, 한 주임 자리에 노트가 하나 바닥에 떨어져 있었다.

'착한 일 한번 해야겠네. 주워 줘야겠다. 근데 이게 뭐지 일기 같은 건가? 슬쩍 한 번 볼까 흐흐.'

2023. 5. 1. 날씨 화창함.

내 이름 한주희는 두루 주(周) 기쁠 희(喜). 세상 사람들을 널리 기쁘게 하라는 뜻에서 아빠가 지었다고 한다.

(중략…)

서영찬이 자꾸 생각이 난다. 그를 좀 더 알고 싶어졌다. 새로 한 머리가 서영찬의 마음에 들까?

(*주희의 다이어리 내용은 7화를 참조하세요.)

그날 나는 절대로 해서는 안 되는, 남의 일기를 훔쳐봐 버린 사람이 되고 말았다. 동시에 심장은 쿵쾅쿵쾅 두근거렸다. 그리고 일기장을 보고 있던 나의 눈과 양치질을 하며 복도에서 걸어 나오던 한 주임의 눈이 서로 마주 쳤다.

"서 주임님? 지금 뭐 하시는 거죠?"

"아…. 이제 출근해서 내 자리로 가는 길이지 하하…."

"근데 손에 왜 남의 일기를 들고 있냐고요? 이거 봤어요?"

"아 이거? 떨어져 있길래 주워 주려고 집은 것뿐이야 보긴 뭘 봐 하하…."

"당장 이리 내놓으세요!"

다이어리를 확 낚아챈 한 주임은 씩씩거리며 자기 자리로 향했다.

"그, 그럼…. 나 이제 가서 일 볼게. 굿데이. 하하…."

자리로 가서 회의 자료를 준비해야 했지만, 한 주임의 일기를 읽어 버리고 만 나는 도저히 일이 손에 잡히지 않았다. 이윽고, 출근 시간이 다가오자 하나둘씩 직원들이 도착하기 시작했다.

"서 주임, 오늘 김 사장 오기로 한 날이잖아. 회의 자료는 다 준비됐어?"

"아…. 아 네, 이 책임님. 자료 준비 거의 돼가고 있습니다."

"준비되면 좀 보자고. 하반기 판매를 위해 중요한 회의잖아."

"네네."

한 주임 일기 사건으로 마음이 좀처럼 진정되지 않았지만, 회사 일을 내팽개칠 수는 없는 일이었다. 그리고 김 사장이 오기로 한 11시.

"김 사장님 오셨습니까?"

"아이고 이 책임, 서 주임. 오랜만이야. 장사는 잘돼?"

"하하. 그럴 리가요. 김 사장님이 많이 안 사가 주셔서 힘들어요."

"에이…. 엄살 부리기는."

그렇게 시작된 하반기 판매 협의는 잘 마무리되었고, 이어진 점심 식사 자리에서 김 사장이 골치 아픈 표정으로 말을 꺼냈다.

"자 하반기 물량 협의는 어느 정도 됐고…. 이번에 현보산 천문대 일대에 태양광발전소 시공을 하나 맡았는데 여간 골치가 아픈 게 아니란 말이지."

"천문대 크기 정도면 설치 용량도 얼마 안 되고, 별로 남는 것도 없지 않나요?"

"모르는 소리. 천문대에 매일 사람들이 얼마나 많이 견학을 오는데? 이런 거 하나 해놓으면 용량은 크지 않아도, 홍보실적으로 내세우기 아주 좋은 공사야."

"근데 왜 뭐가 문젠데요?"

"바람 때문이야…. 바람이 너무 많이 부는 지형이라서 토목공사를 튼튼히 해야 하는데 그러면 또 철 구조물 비용이 너무 올라간단 말이야. 그리고 태양전지가 풍압에 버텨 낼지도 모르겠어. 괜히 설치했다가 A/S 비용만 더 드는 게 아닌지 몰라."

이야기를 듣고 있던 이 책임이 생각에 잠긴 표정을 짓더니 이내 말문을 열었다.

"요새 철 가격이 엄청 올랐잖아요. 작년 수해 때 포항 제철소도 피해를 봐서 공급도 부족했고요. 그에 비해 알루미늄값은 오르기는 올랐어도 철처럼 그렇게 심하게 오르지는 않았어요. 알루미늄은 철처럼 부식도 없으니 이걸 장점으로 내세워서 천문대 쪽하고 한번 건설비 좀 올려 달라고 상의해 보시죠."

"오 그래?"

"네. 그리고 바람은 우리 WR 모델을 쓰면 돼요. 다른 회사 제품은 풍압 2,400pa까지 견디도록 설계됐지만, 우리 WR 모델은 Wind Resistance 전용제품이라서 풍압 3,600pa까지도 견딘답니다."

평소 뺀질이처럼 행동하기만 하던 이 책임이 이런 솔루션을 갖고 있었다는 사실에 새삼 놀라지 않을 수 없었다. 궁금한 마음이 들어 이 책임한테 물어봤다.

"아니 이 책임님. 이런 걸 다 어떻게 아세요?"

"서 주임 너는 태양전지 판다는 놈이 구조물값 추이도 안 보고 다니냐? 태양광발전소 핵심 재료가 뭐야? 태양전지하고 인버터, 구조물이잖아. 그럼 구조물이 비싸지면 태양전지 구매 예산이 타이트할 거고, 구조물이 싸지면 태양전지 구매 예산에 조금이라도 여유가 생길 거 아니야?"

"오…. 그렇군요."

"물론 주식투자를 위해서도 이런 원재료 가격 동향은 알아 두는 게 좋지. 흐흐."

"주식투자요? 이 책임님이요?"

"하…. 내가 여태 얘기를 안 해서 그렇지. 어떤 달은 월급보다 주식으로 더 벌 때도 많다."

"와…. 비결이 뭐예요? 저도 좀 알려 줘요."

"나한테도 알려 줘봐 이 책임."

김 사장과 나는 초롱초롱한 눈빛으로 이 책임만을 바라보았다.

"하…. 제 비결은요. 쌀 때 사고 비쌀 때 파는 겁니다."

"푸하하하. 그걸 누가 몰라요? 난 또 뭐라고…."

"웃네? 쉬워 보이지? 이게 얼마나 어려운 건지, 얼마나 사람들이 실천을 못 하는지 서 주임은 모를걸?"

"이게 어려운 거라고요?"

"그래. 사람들이 모두 똑똑하고 이성적으로 사고할 것 같지? 하지만 대부분의 사람들은 가격이 오르면 계속 오를 것처럼 환호하고, 가격이 내리면 계속 더 내리면 어떡하나 공포에 짓눌리게 되지. 거의 대부분이 모두가 환호할 때 비싸게 산 다음에, 가격이 하락하고 난 후에야 눈물을 머금고 팔아서 손해 보는 반대의 행동을 한다고. 아무리 좋은 종목을 고르면 뭐해? 쌀 때 사서 비싸게 팔아야 의미가 있는 것 아니겠어?"

이 책임의 말을 들은 나는 뜨끔해졌다.

"그···. 그럼 쌀 때 사서 비싸게 파는 방법이 뭔데요?"

"우리나라 국민총생산, 소비자물가, 아파트값, 코스피지수는 꾸준히 우상향 해오긴 했지만, 매년 5%씩, 3%씩 똑같은 수치로 성장해 오지는 않았어. 어떤 해는 확 올랐다가, 어떤 해는 조금 오르거나 오히려 감소하는 해도 많지는 않지만 분명 존재해 왔지. 그게 왜 그런지 알아? 경기는 순환을 하기 때문이야."

"경기순환이요?"

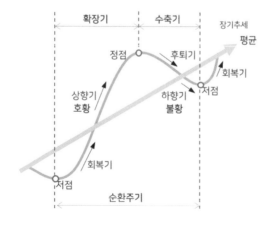

"그래. 경기는 호황일 때가 있으면 불황일 때도 찾아오는 거야. 여기서 불황이란 꼭 마이너스 성장만을 의미하는 건 아니야. 더딘 성장도 포함하는 개념이라고. 이 토대 위에서의 주식투자는 아주 간단하지. 불황일 때 사서 호황일 때 팔면 끝이야."

"오…! 그럼 불황인지 호황인지는 어떻게 알죠?"

"대표적인 게 금리 추이지. 너무 경기가 과열되면 금리를 올리고, 경기가 죽어 있으면 금리를 내리잖아? 하지만 금리는 뒤따라오는 후행 지표라서, 주식투자의 지표로 삼기에는 너무 늦어. 금리는 실물경기보다 뒤늦게 적용을 하고, 주가는 실물경기보다 앞서서 선반영되거든."

■ 경기 - 금리 - 주가의 상관관계 및 선후관계

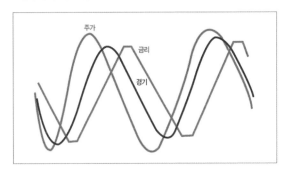

"그럼 경기의 지표는 뭐로 보는 건데요?"

"그야 경기 지수를 찾아보면 되지. 통계청은 경기 선행종합지수, 동행종합지수, 후행종합지수를 월별로 업데이트하고 있잖아. 광의의 통화량, M2

도 아주 좋은 지표고. 또 구리같이 산업에 두루 쓰이는 광물의 가격 추이를
보면 경기가 불황이 오는지 호황이 오는지 어느 정도는 예측할 수 있지."

"아…. 그래서 철, 알루미늄 가격 추이를 알고 계셨던 거군요?"

"그 외에도, 실업률, 공장가동률, 자살률, 야구장 매표율 등 경기의 호
황, 불황을 알아보는 지표는 많아. 하지만 내가 주요하게 보는 건 바로 코
스피 PBR 지수야. 주가와 1주당 자산 가치를 비교하는 수치지.

"어 1주당 자산 가치? 그거 BPS 아니에요?"

"맞아 PBR은 Price와 Bookvalue의 Ratio. 즉, 주가와 BPS를 서로 비교
해서, 주가와 BPS값이 똑같을 때 PBR 1.0이라고 정의하는 거지. 주가가
BPS의 두 배면 PBR 2.0이 되는 거고."

"아…."

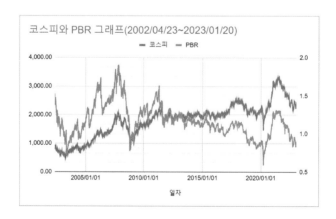

"역대 코스피 PBR 지수는 대체로 1보다 살짝 높은 1.1 수준에서 수렴해 왔어. 그리고 높을 때를 보면 서브 프라임 모기지가 터지기 직전 주가가 고점일 때 1.8 수준까지, 코로나 회복 후 2021년도에 코스피가 3,000을 넘었을 때 1.3까지 오르기도 했지. 하지만 서브 프라임 모기지 사태가 극에 달할 때 코스피 PBR은 0.8까지 내려오고, 코로나 확진자가 급속히 팽창하던 2020년 봄에는 무려 0.6까지 떨어지기도 했어."

가만히 듣고 있던 김 사장이 의문을 표했다.

"근데 이 책임. 예를 들어, 코스피 PBR이 1.3일 때 높다고 생각해 주식을 팔았다가 1.4, 1.5로 과열되어 더 오를 수도 있고, 반대로 PBR 0.8일 때 샀다가 더 깊은 불황이 와서 주가가 추가 하락할 수도 있는 것 아닌가?"

"맞습니다, 김 사장님. 내일의 주가, 한 달의 주가는 사실 예측이 불가능하니까요. 하지만 긴 사이클에서 본다면 말이죠…. 코스피 PBR이 0.8까지 내려왔다면 길게 봤을 때 아래로 내려갈 공간보다는 위로 올라갈 공간이 더 크다고 볼 수 있어요. 즉, 시간이 걸릴 뿐이지 0.8까지 내려간 PBR이라면 반드시 1.0 수준 이상으로 회복되게 되어 있습니다. 그래서 주식도 장기투자를 해야 한다는 이유 중의 하나가 바로 그거예요."

"이 책임님. 그런 건 어디서 확인하는 거예요?"

"증권거래소 KRX 사이트에 가보면 나와 있지. 거기에 가보면 코스피 PBR 지수뿐만 아니라, 코스피 PER 지수도 확인할 수 있어. 코스피 PER 지수는 10~12 정도가 표준 범위인데, 과열될 때는 25~30까지 오르기도 하고 내릴 때는 6, 7까지 내리기도 하니까 이것도 주식시장의 과열, 침체를 확인하는 중요한 지표야."

코스피와 PER 그래프(2002/04/23~2023/01/20)

이 책임의 설명에 짓궂은 생각이 들었다.

"그래서 얼마나 버셨는데요?"

"주식투자를 쉴 때도 할 때도 있었는데, 할 때는 은행이자보다 조금 더?
이렇게 했을 때 주식투자해서 손해 본 적은 거의 없었다고."

'에계계 겨우 은행이자보다 조금 더? 아니다…. 손실만 엄청 봤던 내가
할 소리는 아니지…. 주식에서 손실 본 적이 거의 없다는 것 자체가 대단
한 걸지도 몰라.'

그렇게 한참을 얘기하다 보니, 김 사장이 다음 약속이 있는지 시계를 쳐
다보며 말했다.

"아이고 오늘 회의도 잘하고 이 책임 덕분에 주식 강의도 잘 들었어. 강의료라고 치고 점심값은 내가 이미 계산했어."

"잘 먹었습니다, 김 사장님."

"아 참. 다음 주 현보산 천문대 현장답사 있는데, 이 책임이 와서 한번 봐주면 어때? 알루미늄 구조물이나 WR 모델 태양전지 쓰기에 적합한지 한번 봐주면 싶은데? 망원경으로 별자리 관측하며 설명 듣는 프로그램도 참여할 수 있어."

"하하…. 저는 다른 또 중요한 큰 건이 있어서. 서 주임이 갈 겁니다."

"에에? 제가요?"

"그래, 서 주임. 그 정도는 체크 해드릴 수 있잖아."

"예 뭐 그렇긴 하죠."

그렇게 김 사장과 미팅을 마친 후에는 한 주임의 일기장이 계속 신경이 쓰여 하루 종일 일이 손에 잘 잡히지 않았다. 그래도 이 책임님 이야기를 통해 경기순환 국면을 고려한 주식투자 타이밍이 중요하다는 것을 배운 건 큰 소득이었다.

그리고 일주일이 지나 현보산 천문대 현장답사 날이 되었다. 도착하니 멀리서 김 사장이 보였다.

"서 주임 여기야 여기. 일단 왔으니 우선 천체망원경 관람부터 하자고."

"아 네 그러시죠."

　다른 관람객 무리들과 함께 관측소에 입장을 하니, 관람객들에게 설명할 준비를 하고 있는 직원들이 멀리서 보였다. 천천히 직원들 있는 곳으로 다가가니, 천문대 직원 중에 낯익은 얼굴 하나가 있었다.

　그리고 그 사람을 본 순간 온몸이 얼어붙는 것 같았다.

　놀랍게도 그 사람은 수연이의 모습이었다.

　수연이도 나를 알아보고는 화들짝 놀라는 눈치였다.

"어…. 여, 영찬 오빠."

"어, 어…. 나 여기 출장 왔어."

　어색한 시간 동안 수연이는 관람객들에게 별자리를 설명했고, 나는 수연이에게 눈인사만 마친 채 그 자리를 빠져 나왔다. 김 사장님과 현장을 같이 둘러보는데도 정신이 하나도 없었다.

　어색한 조우를 마친 나는 집에 온 후에야 폰을 켜고, 메시지 몇 개가 와 있는 것을 확인할 수 있었다.

오빠 나 여기에 단기근무로 취직했어.
떨어져서 혼자 지내다가 보니까 오빠랑
같이 지냈던 생각이 많이 나더라. 나 그
사람하고는 잘 안됐어. 우리 다시 예전
으로 돌아갈 수 있을까? 오빠를 보고 나
서 옛날 생각이 나서 펑펑 울었어.

그리고 메시지는 수연이뿐만이 아니었다.

서주임님. 저 한주임이예요.
그래도 우리가 동기인데 내일쯤 저녁이
나 한번 하시죠? 세상 욕 쫌 하면서 스트
레스좀 풀게요.

'아….'

'그래 한 주임…. 네 마음이 어떻든 그건 네 일일 뿐이라고! 내 마음은 너
와 상관없이 내가 결정하는 거야!'

하지만 진짜 문제는 두 달 전쯤부터인가 내 마음 한구석에도 한 주임이
서서히 들어오기 시작했다는 것이었다. 메시지에 모른 척할 수 없는 일이
었다. 결정을 해야 했다.

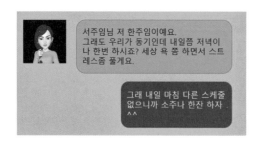

서주임님 저 한주임이예요.
그래도 우리가 동기인데 내일쯤 저녁이
나 한번 하시죠? 세상 욕 쫌 하면서 스트
레스좀 풀게요.

그래 내일 마침 다른 스케줄
없으니까 소주나 한잔 하자
^^

그리고 또 하나의 답장도 해야 했다.

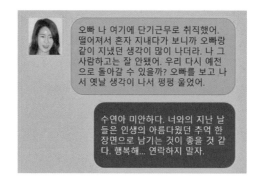

오빠 나 여기에 단기근무로 취직했어.
떨어져서 혼자 지내다가 보니까 오빠랑
같이 지냈던 생각이 많이 나더라. 나 그
사람하고는 잘 안됐어. 우리 다시 예전
으로 돌아갈 수 있을까? 오빠를 보고 나
서 옛날 생각이 나서 펑펑 울었어.

수연아 미안하다. 너와의 지난 날
들은 인생의 아름다웠던 추억 한
장면으로 남기는 것이 좋을 것 같
다. 행복해... 연락하지 말자.

블루투스 스피커에서는 윤하의 '사건의 지평선'이 흘러나오고 있었다.

'저기, 사라진 별의 자리. 아스라이 하얀 빛.

한동안은 꺼내 볼 수 있을 거야.

아낌없이 반짝인 시간은 조금씩 옅어져 가더라도,

너와 내 맘에 살아 숨 쉴테니.

여긴, 서로의 끝이 아닌 새로운 길 모퉁이.

익숙함에 진심을 속이진 말자.

하나둘 추억이 떠오르면, 많이 많이 그리워할 거야. 고마웠어요.

그래도 이제는 사건의 지평선 너머로…'

다음 날이 되었다. 한주희 주임과 저녁 약속이 있던 나는 그날따라 머리와 옷에 좀 더 신경이 쓰였다. 거울을 보니 문득 뿌듯한 마음이 들었다.

'그래…. 서영찬 너 잘생겼구나! 음하하.'

퇴근 무렵 한 주임에게 먼저 나간다고 문자를 보내 놓은 후, 자리를 잡고 기다린 지 한 10분 정도가 지나자 한 주임이 가게 안으로 들어왔다.

"서 주임님. 많이 기다렸어요?"

"어? 아니 아니. 헤헤."

오랜만에 가까이서 한 주임을 볼 수 있게 된 나는 그녀가 많이 달라졌는 것을 느낄 수 있었다. 무엇보다 표정에 에너지가 넘쳐 보였다.

"한 주임은 요새 운동해? 조깅이나 뭐 이런 거?"

"헐! 조깅은 무슨요! 그나저나 덥지 않으세요? 오늘 30도가 넘던데요?"

"응? 더워 보여?"

"네! 패션은 계절에 맞게 입어야 멋져 보이는 거예요. 서 주임님한테는 이런 것도 다 챙겨줄 사람이 필요하겠어요."

그렇게 한 주임과 회사 이야기, 동기들 이야기를 하며 저녁 어둠은 짙어져 갔고, 대화도 무르익어 가고 있었다. 한참을 떠들던 한 주임이 내게 질문을 던졌다.

"서 주임님. 단도직입적으로 물어보죠."

"어? 어…. 그래."

"제가 서 주임님을 좋아하면 안 되는 이유가 혹시 있을까요? 있다면 얘기해 보세요."

"헉! 어…. 그, 그게 말이지…. 저기, 그."

"됐네요. 없네요. 그럼 저 말할게요. 저 서 주임님을 좋아하는 것 같아요."

"…."

훅 들어온 그녀의 갑작스러운 고백에 순간 당황스러웠다. 어떻게 반응을 해야 할지 순간 난감한 생각이 들었다.

"한…. 한 주임도 이제 서른이고, 나도 서른둘이라서 이제 결혼도 생각해야 할 나이인데, 만남에 있어서 좀 신중해야 하지 않을까…. 나 모아 놓은 돈도 별로 없고 결혼 생각도 전혀 못 하고 있어."

"와…. 되게 복잡한 생각을 하면서 사시네요? 제가 궁금한 건 서 주임님 돈이나 결혼 준비 상태가 아닌데요? 제가 궁금한 건 서 주임님 마음이에요. 제 새로 한 머리 마음에 들어요?"

"응…."

"그럼 서 주임님은 저를 어떻게 생각하시나요?"

"조…. 좋아하고 있었던 것 같아…. 나도 모르게."

"풉…. 괜히 쫄았네요. 하하."

"쫄아?"

"네! 그럼 오늘 1일 된 기념으로 제가 옷 하나 사드리죠. 여기서 나가요."

"어 그, 그래…."

주점 안에서는 뉴진스의 'Ditto'가 흘러나오고 있었다.

'내 길었던 하루. 난 보고 싶어.
라타타타 울린 심장
I got nothing to lose
널 좋아한다고
라타타타 울린 심장
But I don't want to
Stay in the middle
Like you a little
Don't want no riddle
말해줘 say it back
Oh say it ditto….'

가게에서 나와 매장을 들러 여러 옷들을 꼼꼼하게 살펴보던 한 주임은 파인애플이 그려진 하얀 반팔 티셔츠 한 장을 골라 나에게 내밀었다.

"입어 보세요."

탈의실에서 옷을 갈아입고 오니 한 주임이 기다리고 있었다.

"와 훨씬 낫네요. 자 이제 헤어스타일도 너무 범생이처럼 하지 말고 제가 자주 가던 단골 미용실이 있거든요? 오늘 자리가 있는지 가봐요."

그렇게 한 주임 손에 끌려가 도착한 미용실에는 파마를 하고 있는 몇 명 손님 말고는 다행히 빈 자리가 남아 있었다.

"이모님. 여기 이 오빠 스왓컷 스타일로 한번 해주세요."

"스, 스왓컷? 아…. 한 주임. 내가 평소 좋아하는 헤어스타일이 따로 있…."

"서 주임님. 저한테 그냥 좀 맡겨 보시죠?"

그렇게 미용사께 맡겨진 내 머리카락은 사정없이 가위질을 당했다. 그리고 나서 거울을 보니 나 스스로에게 낯선 이미지가 느껴졌다.

"와…. 역시 서영찬 멋진 남자였네. 내 눈이 맞았다니깐!"

한 주임은 그렇게 탄성을 내뱉었고, 그때 옆에서 파마를 하고 있던 사람에게서 낯익은 목소리가 들렸다.

"응? 서영찬?"

"헛! 바, 바…. 박 팀장님!
여긴 어쩐 일이시죠!?"

박 팀장님께 아는 척을 하는 사이, 한 주임은 그대로 미용실을 뛰쳐나가 버렸다. "꺄악!"

"나야 머리하러 왔지. 서 주임 쫌 달라진 것 같은데? 근데 옆에 있던 아가씨는 누구야? 한주희 주임 아니야?"

"아…. 아닙니다. 어, 엄마세요."

"흠…. 이상하네 엄마께서 왜 서 주임님이라고 존칭을 쓰시지…."

"하하하…. 잘못 들으셨나 보죠. 아 참 팀장님 오신 김에요. 진지한 대화 좀 저희 해보죠."

그렇게 진땀을 흘리며 화제를 돌리려고 애썼다.

"진지한 대화?"

"아 네. 지난번에 BPS, EPS 공부해 보라고 하셨잖아요. 그래서 제가 좀 공부를 해봤거든요?"

그렇게 박 팀장님께 내 나름대로 공부한 것들, 그리고 이 책임을 통해 들은 경기순환에 대해서도 설명을 드렸다.

"대충 맞아. 더 정확하게 말하자면 BPS 기본 개념은 순자산 가치이기 때문에 지배 지분 순자산을 기준으로 한다고. 즉, 종속회사가 있다면 종속회사의 순자산을 전부 합쳐서 계산하는 게 아니라 종속회사를 소유한 지분 비율만큼만 더해서 계산을 하지. 마찬가지로 EPS도 지배 지분 순자산 기준이야. 그래서 BPS와 EPS를 계산할 땐 자본총계가 아니라 지배 지분 순자산, 전체 순이익이 아니라 지배 지분 순이익을 기준으로 해야 해."

"아 그렇군요. 어쩐지 제가 삼성전자 BPS, EPS를 계산했는데 증권사 리서치 자료하고 약간의 차이가 나더라고요. 그런데요 팀장님. 왜 어떤 종목은 BPS와 EPS가 높은데 주가가 상대적으로 낮고, 또 어떤 종목은 BPS와 EPS가 낮은데도 주가가 높을까요? BPS와 EPS만으로는 투자의 기준이 되기는 어려울 것 같다는 생각이 들어서요."

"나 바쁜데? 낭만닥터 김사부 시즌3 보러 가봐야 한다고."

"에이 팀장님. 제가 뉴진스 친필 사인 앨범을 가지고 있다는 걸 아시나요? 하하. 제가 팀장님을 위해서라면 기꺼이 기증드리겠습니다!"

"오…. 그건 돈 주고도 구하기 힘든 건데? 좋아 나가서 커피나 한잔하자고. 김사부는 드라마 다시 보기로 봐야겠군."

"예 팀장님!"

"여기 커피숍도 분위기가 좋네. 음…. 저기 어디 교외에 2층짜리 독채 커피숍이 하나 있다고 쳐봐. 예를 들어 보자고."

"네네."

"장부를 적어 보니, 커피숍 땅값하고, 건물값, 설비값, 가구값, 여러 노하우 등등 자산에 은행대출을 빼고 났더니 순자산 가치가 5억 원으로 계산됐다고 쳐보고. 그리고 작년 한 해 결산을 해보니 5,000만 원을 순수하게 벌었어. 그럼 자네가 만약 돈이 있다면 그 커피숍을 얼마 정도면 살만할 생각이 들겠어?"

"음 글쎄요…. 6억요?"

"6억이라…. 근데 그 커피숍 바로 근처에 고속도로 인터체인지가 생겨 땅값이 폭등하고, 손님들이 앞으로 지금보다 두 배 이상 쏟아져 들어올 것으로 예상된다면?"

"어? 그러면…. 글쎄요, 한 10억은 투자할 만하지 않을까요?"

"그러면 그 커피숍 바로 옆에 쓰레기 처리장이 들어올 것으로 예상된다면?"

"아…. 그러면 안 사죠. 아니면 1억도 투자하기 아까울 것 같은데요."

"그래 이게 서 주임의 질문에 답이 될 수 있을 거라 믿네. 나 이제 간 다?"

"예? 무슨 소리인지 하나도 모르겠어요, 팀장님."

"아휴 이 멍청한 놈아. 서 주임이 파악한 BPS, EPS는 다 과거의 숫자잖 아. 이미 지나간 숫자라고! 주가는 미래가치를 담고 있다고 하지. 주가는 미래의 예상 이익을 선반영해서 나타내는 지표란 말이야."

"아…. 그렇군요. 팀장님."

"그래서 지나간 BPS, EPS보다는 선행 BPS, 선행 EPS가 훨씬 중요한 거야. 선행 PBR, 선행 PER을 봐야 한다고. 지금 폰 검색해서 삼성전자 리 서치 하나 열어 봐."

박 팀장님 얘기를 듣고 난 후 한참이 걸려 삼성전자 리서치를 하나 찾을 수 있었다. 하나금융그룹에서 작성한 2월 1일 자 삼성전자에 대한 리서치 였다.

Financial Data						
투자지표	단위	2020	2021	2022F	2023F	2024F
매출액	십억 원	236,807.0	279,604.8	302,226.8	267,080.2	295,257.1
영업이익	십억 원	35,993.9	51,633.9	46,383.5	17,382.8	36,880.8
세전이익	십억 원	36,345.1	53,351.8	46,430.0	18,342.6	37,881.8
순이익	십억 원	26,090.8	39,243.8	54,405.5	13,397.5	28,406.9
EPS	원	3,841	5,777	8,009	1,972	4,182
증감률	%	21.32	50.40	38.64	(75.38)	112.07
PER	배	21.09	13.55	6.90	30.93	14.59
PBR	배	2.06	1.80	1.05	1.15	1.10
EV/EBITDA	배	6.75	4.99	3.00	5.41	3.74
ROE	%	9.99	13.92	16.68	3.74	7.70
BPS	원	39,406	43,611	52,438	52,967	55,704
DPS	원	2,994	1,444	1,444	1,444	1,480

"아이고, 찾는다는 게 석 달 전 것을 찾고 있냐. 언제나 필요할 때마다 최신정보를 빠르게 검색하는 습관을 길러 두라고. 어쨌든 여기 보면 지난 2022년의 EPS는 8,009원으로 집계되었지만, 23년도 EPS는 1,972원 급감으로 예상을 하고 있고, 24년도에는 4,182원 조금 회복되는 것으로 예상하고 있어. 22년 EPS는 지나간 과거, 23년 24년 예상 EPS는 미래의 이야기라고. 이렇게 주식시장에서는 지나간 과거보다는 미래의 이야기가 훨씬 중요해."

"와 이건 몰랐어요, 팀장님."

"그래서 보통 증권사들도 분석하는 기업을 상대로 대부분 미래 2년 치정도의 예상실적을 제공하고 있지."

"오 그럼 증권사 리서치의 2년 예상치만 보고 투자하면 거의 실패가 없겠네요?"

"허허. 서 주임."

"네?"

"못 맞히는 경우가 부지기수야. 증권사 예상이 나중에 틀리는 경우가 부지기수라고. 그래서 리서치 맨 끝에는 항상 투자 결과에 책임을 안 진다고 하면서, 투자자 자신의 판단과 책임 하에 투자 결정을 하라고 적혀 있지."

"헐…. 그럼 뭘 어쩌라는 거죠."

"그래도 증권사 리서치 연구원들은 나름 해당 섹터의 전문가들이기 때문에, 그들이 바라보는 미래 2년 치 예상을 공짜로 볼 수 있다는 것은 의미가 없지는 않지. 그래서 한 증권사 리서치만 볼 게 아니고 여러 증권사의 리서치들을 비교해 가며 꼼꼼히 읽어 보면 분명히 도움은 된다고."

"그래도 잘 모르겠어요. 증권사 예상도 다 틀리는데 어떻게 미래 예상을 하라는 건지…."

"그렇지. 어려운 일이지. 미래의 이익을 선반영한다는 주가는, 만약에 미래의 이익이 실제로 실현이 되지 않는다면 곧바로 큰 좌절이 찾아오게 되지. 바이오주 백제젠을 투자한 사람들은 미래에 큰 이익이 나올 것으로 믿고 투자에 참여해 주가가 급격하게 올랐지만, 나중에 임상시험에 문제가 생기고 이익이 나오기 어려운 것으로 판명 나자 주가는 급락해버리고 상장폐지 직전까지 갔었어."

"아 어렵네요, 주식투자라는 건."

"그래서 미래를 잘 연구하는 게 중요해."

"미래도 연구할 수가 있나요?"

"당연하지. 따라 해봐! 투자는 미래 예측의 정확성을 높이는 활동이다."

"투자는 미래 예측의 정확성을 높이는 활동이다!"

"제일 미련한 게 과거에 얽매여 있는 사람들이지. 과거의 대표적인 지표가 뭐지? 바로 주식 차트지. 주식 차트에만 의존해서 투자를 한다는 것은 마치 눈 온 날 마트에 갈 때 지나온 눈 발자국을 보면서 마트를 찾아가는 것과 같아. 자동차 앞 유리를 보면서 운전을 안 하고, 백미러만 응시한 채 앞으로 운전해 나가는 것과 같지."

박 팀장님 이야기를 들은 나는 뜨끔해졌다. 주식투자를 처음 접했을 때, 순식간에 바뀌는 거래 가격과 빠른 타이밍에 사고팔고 하는 행위가 마치 갬블링을 하는 것처럼 흥미진진했었고, 또 나름 유튜브에서 공부한 캔들과 이평선을 이용해 매수, 매도를 결정하고, 맞혔을 때 짜릿함을 느끼기도 했던 생각이 났다. 문제는 맞혔을 때보다 틀렸을 때가 더 많았고, 이랬던 매매 행위가 큰 손실을 가져왔다는 점이었다.

"미래 예측의 정확성을 높이려면 노스트라다무스처럼 미래를 예언할 수 있거나, 아니면 미래에서 타임머신을 타고 현재로 오면 돼."

"하하. 그게 어떻게 가능해요?"

"둘 다 불가능하다면, 미래에 대해 치열하게 공부를 해봐. 미래에 대해
서 연구를 하는 미래학자들이 있어. 우리나라에도 카이스트에 미래전략대
학원도 개설돼 있고, 서점에 가면 미래를 예측하는 책들도 아주 많아. 그
것도 귀찮다면 SF영화를 보는 것도 도움이 되지. 주식 차트 쳐다볼 시간에
SF영화 한 편 보는 게 서 주임 인생에 훨씬 더 도움이 될 거야."

"예 팀장님!"

"근데 뉴진스 앨범은 언제 줄 건가?"

"하하. 내일 바로 드릴게요."

그렇게 박 팀장님과 유쾌하게 대화를 나누는 사이, 박 팀장님 폰에서 전화벨이 울렸다. 어렴풋이 들어 보니 이 책임 목소리였다.

"박 팀장님 크…. 큰일 났습니다…."

"왜? 뭣 때문인데?"

"저희 제품 대량으로 외상 구매해 간 대야해양건설이 부도가 났다고 합니다!"

"뭐라고!"

날이 밝아 오자 우리는 대책 회의를 위해 이른 아침 회의실에 모였다.

물론 전날 한 주임에게 메시지를 보내 놓는 것은 잊지 않았다.

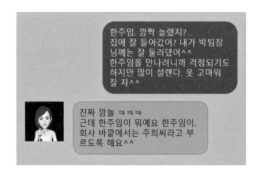

모두 모이자 박 팀장님이 이야기를 시작했다.

"자 이미 상황이 이렇게 된 건 어쩔 수 없는 일이고…. 대응책을 논의해 보자. 자 우선 이 책임이 피해 예상액부터 얘기를 해봐."

"올해 대야해양건설에 외상으로 판매한 태양전지가 약 40MW(메가와트), 160억 원 규모입니다. 그중 대금 회수가 된 것은 약 39억 원이고, 121억 원은 돈을 못 받은 상태입니다."

"작년 판매건 중에 못 받은 돈은 없고?"

"네. 다행히 작년 판매건은 모두 대금 회수했습니다."

"그럼 121억 원 중에 이행보증보험으로 커버 되는 금액은 얼만가?"

"2…. 21억 원 수준입니다."

"뭐? 왜 그것밖에 안 되지? 우리가 계약서에 이행보증보험 50%를 끊어 와야 출고 진행한다고 쓰지 않았나? 내가 분명히 그 조건으로 결재를 한 것 같은데?"

"그, 그게…."

"뭐야 정확히 얘기를 해봐."

"죄송합니다. 대야해양건설에서 이행보증보험 금방 끊어 줄 테니 납기 가 급하다고 먼저 출고 좀 시켜 달라고 하도 사정을 해서…."

"자네 판매실적 달성 욕심 때문은 아니고?"

"죄송합니다…."

"죄송은 최종적으로 돈 떼이고 나서 하라고. 자 우선 서 주임. 21억 원은 바로 이행보증보험 청구를 해. 구비서류 빠지지 않게 잘 챙기고."

"네 알겠습니다."

"그다음에는 우리가 판매한 태양전지 말이야 이 책임. 소재 파악해 봐. 운송비가 들더라도 최대한 회수해 오자고."

"네 알겠습니다!"

"자 일단 오늘은 보증보험 청구하고, 태양전지 소재 파악하는 데 집중하자고. 중간중간 나한테 보고하고. 전무님께 올릴 상황보고서는 내가 직접 작성하도록 하지."

"네!", "예 알겠습니다!"

그렇게 아침부터 분주하게 움직였던 우리는 서류를 준비하고 여기저기 전화를 돌리느라 눈코 뜰 새가 없었다. 대야해양건설은 태양광발전소 공사 외에도, 국내 건축물 시공을 했었고, 부동산 미분양 급증으로 자금난에 시달리다가 결국 부도를 낸 것이었다. 다행히 확인을 해보니, 보증보험 21억 원은 보상금 수령이 가능한 상황이었다.

"팀장님 보증보험 21억 원 보상금 수령이 가능하답니다."

"알았어. 대야해양건설 상황 체크해 봐."

　확인을 해보니 1차 부도 상태였고, 은행이 상환기한을 일주일 연장해 주기는 했지만, 결국 기업회생 신청을 들어갈 가능성이 높은 상황이었다. 이를 박 팀장님께 알렸다.

　"이 책임 서두르라고. 기업회생 신청을 들어가면 모든 자산이 법원의 관리하에 놓이게 돼서, 물건을 회수해 올 수가 없어. 아 그러고 보니 다른 채권자들이 우리 물건에 손대려 하는 건 아닌지 모르겠군. 상황파악 좀 됐어?"

　"네 저희 올해 대야에 판매한 수량 40㎿(메가와트) 중, 25㎿는 다른 고객 건설현장에 이미 설치가 되어 버렸고, 15㎿는 다행히 아직 대야 창고에 가지고 있다고 합니다."

　"자. 이 책임이 대야에 내용증명으로 계약위반 공문 날려. 도착하려면 하루 걸리니까 스캔 떠서 복사본 이메일로 대야에 보내 놓고, 물류팀에 얘기해서 화물차와 기사들 긴급 수배해. 그리고 기사들이 힘을 써야 할 수도 있으니까 보수는 넉넉히 책정하라고. 화물차 수배되는 대로 곧바로 우리 전부 대야 창고로 간다. 아 참 그 전에 서 주임은 다른 현장에 설치된 25㎿

소유권 우리가 주장할 수 있는지 법무팀에 자문해 보고."

"네!"

그렇게 백방으로 전화를 돌린 이 책임은 정오쯤이 되자 화물차들과 기사들을 수배할 수 있었고, 늦은 오후가 다 되어서야 대야 창고에 도착할 수가 있었다. 역시 예상대로 실랑이가 벌어졌다. 창고 관리인인 듯한 사람이 확성기에 대고 우리에게 소리를 질렀다.

"기업회생 신청 전까지 창고 물건을 아무에게도 내주지 말라는 대야 경영진 지시가 있었습니다. 현재 이 물건은 저희 대야 소유이며, 여러분이 진입을 시도하실 경우 주거침입죄로 경찰에 바로 연락하겠습니다!"

이를 듣던 박 팀장님이 나를 쳐다보며 물었다.

"주거침입죄? 서 주임 저기가 주거지냐?"

"아니죠."

"자 기사님들. 문 여세요!"

창고 관리인의 완강한 저항에도 불구하고 기사들과 합세해 문을 열어젖혔고, 그렇게 대야 창고에 남아 있던 우리 제품 15MW만은 다행히 모두 회수할 수가 있었다. 약 60억 원 상당이었다.

물론 창고에 오기 전 법무팀에 자문해서, 외상 대금을 받지 못한 우리 물건은 우리의 소유권이 인정되고, 이를 회수 진행할 때 주거침입죄나 건조물침입죄는 적용되기 어렵다는 법적 해석을 미리 받아놓은 상태였다.

그렇게 창고에서의 전투를 끝내고 대전으로 돌아오면서, 차 안의 우리는 중간집계를 하면서, 이 책임이 보고를 이어갔다.

"팀장님. 지금 미수금 121억 원 중에 21억 원은 보험 보상금을 받을 수 있고, 이번에 15MW 회수해 오면 60억 회수. 40억 원이 여전히 미수금으로 남는 상태입니다. 그리고 법무팀에 확인해 보니 타인에게 이미 설치된 태양전지는 우리 소유권을 주장하기가 어렵고, 설령 우리 소유권을 극적으로 인정받는다고 해도 철거비용이 배보다 배꼽이 클 수 있어 실익이 없는 상황입니다."

"음…. 어쩔 수 없지. 40억은 결국 대야한테 기를 쓰고 받아내는 수밖에."

박 팀장님은 그렇게 말하고는 어디론가 전화 연결을 했다.

"아이고 형님…. 저예요 박봉균. 뉴스 봤는데 골치 아프시겠어요. 대야 사외이사 하시면서 자금 상황이 그렇게 나빠지도록 내버려 둔 건 배임 아니에요?"

그렇게 이야기를 시작한 박 팀장님은 전화를 마치고는 우리에게 내용을 전달했다.

"전화 받은 사람은 학교 선배야. 글쎄 뭐…. 일단 우리 외상 대금 40억 원은 대야의 최우선변제금으로 지정해 달라고 요청을 했고, 다행히 그 사외이사께서 다른 이사진들을 설득해 보겠다고 하시니 기다려 볼 수밖에…."

"네…."

얘기를 들은 이 책임이 고개를 푹 숙였다.

"이 책임. 서 주임! 다 먹고살자고 일하는 거니까, 대전 도착하면 저녁이

나 먹고 헤어지자. 물론 소주도 곁들여서 말이야 흐흐."

"예!", "네…."

이윽고 대전에 도착해, 삼겹살집으로 들어간 우리는 고기는 먹는 둥 마는 둥 했고, 빈 소주병은 빠르게 늘어갔다.

"이정석 책임."

"네 팀장님."

"뭐 내가 소주 마셔서 하는 꼰대 소리는 아닌데, 원칙을 지키고 나서 사고 난 손실은 어쩔 수 없지만, 원칙을 지키지 않은 상태에서 사고 난 손실은 막중한 책임이 따라온다고. 판매실적 올리는 것도 좋지만 허가해 준 범위 이상으로 외상을 남발하면 곤란하지."

"예…. 명심하겠습니다."

"서 주임은 뭐 느낀 거 없냐?"

"네? 음…. 뭐 이미 벌어진 일은 어쩔 수 없고, 주어진 상황에서 최선을 다해 대처하는 팀장님을 보고 많이 배웠습니다."

"짜식 아부 떨기는…. 기업은 이렇게 망하기도 한다는 걸 느껴야지."

"아 네. 마…. 망하기도 하네요."

"경기순환 국면을 제대로 판단 못 하고 투자를 하면 개인은 혼자서 망하는 데 그치지만, 기업이 불경기 때 방만하게 경영을 하면 혼자만의 문제가 아니게 돼. 대야가 망하게 되면 당장 대야의 임직원들, 가족들 생계는 어떡할 거야. 대야한테 오피스텔 분양받은 사람들은 건설사가 부도나 버리게 되니 기한이익 상실로 중도금대출 상환 압박이 들어올 거고. 심하면 은행 부실까지도 이어질 수 있다고."

이야기를 들은 이 책임이 추임새를 넣었다.

"앗 팀장님. 경기순환은 제 전문 분야입니다. 하하…."

"그래. 서 주임한테 얘기 들었어. 훌륭해. 하지만 경기순환은 작은 파동에 불과하지. 경기순환 국면에서 망하는 업체가 수십 개, 새로 생겨나는 업체가 수십 개라면, 망하는 업체가 수백 개, 새로 생겨나는 업체가 수백 개인 엄청난 큰 파동이 있다는 걸 아나?"

"경기순환 말고 더 큰 파동이 있다고요?"

"그래. 바로 산업변동이지."

"산업변동요?"

"맞아. 서 주임은 학교 다니면서 영어공부할 때 무슨 사전을 썼어?"

"하하…. 제가 영어공부는 열심히 안 해서…. 음…. 두꺼운 책이었는데 이름이 잘 기억이 안 나네요. 어 아니다. 그러고 보니 두꺼운 사전 잠깐 쓰다가, 전자사전을 썼어요. 다들 샤프 전자사전 하나 있으면 부러워했던 기억이 나네요."

"그랬을 테지. 음악은 뭘로 들었어?"

"CD 플레이어 듣다가, 나중에 아이리버 MP3요."

"나 학생 때 음악은 카세트테이프로 들었는데 역시 세대 차이가 나는구만."

"카세트? 카세트테이프가 뭐죠?"

"그런 게 있어 이놈아."

"그런데 이런 건 왜 물으시죠?"

"지금은 영어단어를 검색하고, 음악을 들을 때 뭘 이용해?"

"음…. 스마트폰이요?"

"카메라는? 만보기는? 지도는? 게임은? 집 전화는? 은행 업무는? 쇼핑은? 신용카드 결제는?"

"아….."

"2007년 1월에 스티브 잡스가 아이폰을 발표했을 때만 해도, 별로 파급력이 없을 거라고 시큰둥한 반응들이 있었어. 하지만 애플이 출시한 스마트폰은 산업 생태계를 빨아들이며, 전자사전, MP3, 디지털카메라, 만보기, PC게임, 집 전화, 은행지점, 백화점을 망하게 하거나 위축시켰지. 그리고 뒤늦게 삼성과 LG도 스마트폰을 따라갔고, 팬텍은 아예 특허 전문회사로 명맥만 이어 나가고 있는 상태야."

"맞아요. 스마트폰 없이는 뭘 하기 어려운 세상이 되어 버린 것 같아요."

"아날로그 카메라 필름을 만들던 코닥과 후지는 지금 어디에 있지? 디지털카메라를 만드는 올림푸스와 니콘 소식을 최근에 들어 봤나?"

"아니요…."

"이렇게 스마트폰이라는 거대한 산업변동은 수많은 업체들을 사라지게 하고, 대신에 4G, 5G 광케이블 기지국 증설, 스마트폰에 납품하는 카메라 모듈, 디스플레이, 2차전지, 플랫폼 기업, 앱 개발자들 같은 새로운 산업들을 탄생시켰어. 만약 이러한 산업변동을 모르고 코닥에 계속 투자를 했다면 어떻게 됐을 것 같아?"

"투자손실이 났을 것 같은데요?"

"코닥은 2012년에 파산했네."

"아…."

"과거의 BPS, EPS, 그리고 경기순환은 투자를 하는 데 있어서 기본적으로 짚고 넘어가야 할 포인트이지만, 그보다 훨씬 더 중요한 것은 산업변동의 거대한 흐름을 놓치지 않는 거야. 아무리 불황 최저점의 절묘한 시점에서, 돈을 잘 벌고 재산이 많은 회사에 투자를 했다고 하더라도, 그 회사가 코닥이었다면 최악의 투자를 하게 된 셈이지. 그래서 과거가 아니라 미래가 중요하다고 하는 거야. SF영화를 자주 보라고 한 것도 다 이유가 있는 거라고."

"영화요?"

"그래. 〈마이너리티 리포트〉는 무려 2002년에 개봉한 영화인데, 영화 장면을 보면 톰 크루즈가 스크린을 터치하면서 여기저기 넘기고 검색하는 모습이 나와."

"헐…. 대박."

"2007년에 나온 〈트랜스포머1〉에서는 자동차가 스스로 사고를 하며 주인공과 교감하고, 자율적으로 주행을 하지. 로봇으로 변신도 하고 말이야. 지금 자동차 기술은 실제로 조금씩 자율주행 레벨이 높아지고 있고, 로봇도 산업 현장과 서비스 업종에서 활발하게 이용되기 시작하고 있어."

"맞아요. 저 그 영화 봤어요."

"산업변동은 이것 말고도 세계 곳곳에서 지금도 엄청나게 일어나고 있다고."

"지금도요?"

"아이고. 내 정신 좀 봐라…. 지금 사고 수습해야 하는데 술 마시면서 쓸데없는 얘기만 했네. 공상과학 얘기는 다음에 또 하기로 하고, 이제 집에 가자. 내일도 또 열심히 수습해 보자고!"

자리를 정리하고 일어나려 할 때 이 책임 폰에서 메시지 소리가 울렸다.

'띠링~'

"티, 팀장님…. 이것 좀 보셔야 할 것 같은데요…."

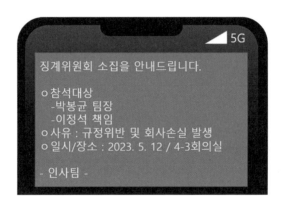

"응 나도 봤어. 봐봐 요새는 사람 간의 소통도 스마트폰으로 편리하게 보내오는 세상이 돼버렸잖아? 스티브 잡스가 세상에 산업변동을 일으킨 거지! 근데…. 문자 내용이 뭐라고?"

5월의 대소동이 있은 후 시간은 어느덧 흘러 석 달이 지났고, 8월의 무더위는 절정을 향해 달려가고 있었다.

다행히 대야해양건설은 법원에서 회생절차 개시 명령이 났고, 외상금으로 떼인 돈 40억 원은 대야의 최우선변제금으로 지정되어 다행히도 전액 무사히 받을 수 있게 되었다. 그러나 회사 규정을 위반한 책임을 피해갈 수는 없는 일이었다.

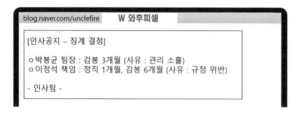

그리고 인사공지는 이것뿐만이 아니었다.

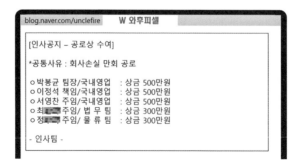

회사 일을 잘못한 책임과 잘한 대처를 모두 평가하는, 나름대로 공정한 인사라는 생각이 들었다.

"으하하하 500만 원이다."

박 팀장님은 애써 좋아하는 내색을 하셨지만, 징계를 받은 건 향후 승진 심사에 있어서도 치명적인 오점이라는 것을 우리는 모두 알고 있었기에, 마냥 따라 웃을 수만은 없었다.

그리고 어느덧 5레벨이 되었다.

날짜 2023.8.14

자산		부채	
목록	금액(만 원)	목록	금액(만 원)
정기예금	3,050	신용카드 결제 예정	55
입출금 통장	826		
공로상 상금	500		
월세 보증금	1,000		
자산 합계	5,376	부채 합계	55
순자산	5,321		
지난달 순자산	4,645		
지난달 대비 증감	676	▲	

공로상 상금으로 인해 5레벨 달성 시간을 단축시키는 했지만, 아직도 시드머니는 복구가 덜 된 상황이었고, 레벨업 속도가 느리다는 생각이 들었다. 입출금 통장 여유 잔고와 상금을 활용해 어디엔가 투자를 하고 싶었지만, 주식투자 실패의 악몽이 자꾸 떠오르다 보니 선뜻 투자 결정을 못 하고 고민하고 있는 상황이었다.

그때 박 팀장님 호출 소리가 들렸다.

"잠깐 모여 보게. 자…. 이달 말에 샌프란시스코에서 녹색 에너지 전시회가 있는 것 다들 알고 있지?"

"네 얘기 들었습니다."

"이번에 각종 최첨단 기술이 시연된다고 하니, 각 지역팀에서 한 명씩 선발해서 출장을 보내라는 지시야. 미주팀은 물론이고, 유럽팀, 아시아·중동팀, 국내팀 모두 차출 대상이지. 시야도 넓히고 마침 좋은 기회니까 누가 한 명 다녀오자고."

"…."

"왜 이리 반응들이 없어? 이 책임? 정직도 풀렸는데 기분전환도 할 겸 미국이나 한번 다녀오지?"

"하하…. 팀장님 저는 근신하는 차원에서 사무실에 남아 일을 더 열심히 하겠습니다. 서 주임은 어떨까요?"

"서 주임? 그래. 그럼 서 주임이 갔다 와."

"예에? 제가요? 저 저는…. 영어 울렁증이 있어서…. 미국만은 빼주십시오 팀장님. 플리즈."

"오 플리즈라고? 영어 잘하네! 너 토익 700 넘었잖아. 인마. 토익 700 넘었으면 최소한 편의점에서 빵은 사 먹을 수 있고, 굶어 죽지는 않을 거 아니야."

"제…. 제가 빵을 살 수 있을까요?"

"크큭. 그래도 미국에서 미아 되면 찾느라고 골치 아프니까, 한주희 주임 뒤꽁무니 잘 따라다녀라, 하하."

"어? 한주희 주임도 간대요?"

"그래. 이번에 마침 테슬라 라이벌, 해리모터스에서 공장 지붕에 대규모 태양전지를 설치한다는군. 그 판매 협의도 하러 간다니까 서 주임은 그냥 회의 머릿수만 채워 주면 돼. 괜히 되도 않는 영어로 회의에 끼어들지 말라고. 품…. 해리모터스 말고도 여러 회사들과 일정이 있으니 괜히 민폐나 끼치지 말고. 하하하."

"네 그, 그럼 다녀오겠습니다!"

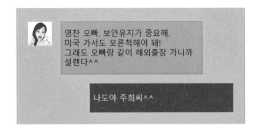

그렇게 우리는 비행기에 몸을 실은 채 미국을 향해 날아갔다.

그리고 마침내 밤늦게 미국 땅을 밟은 우리는 공항 수속을 마친 후, 택시를 잡고 숙소에 들어가 짐을 풀었다. 공간이 넓지는 않았지만 1인실 치고는 시설도 깔끔하고 쾌적한 느낌이었다.

첫 미국 출장, 그것도 주희와 함께 떠나온 출장이라 설레는 마음이 들었지만, 내일 일정을 위해서 일찍 잠을 청해야만 했다. 물론 나는 이튿날 회의에서 중요한 역할이 아니었지만 말이다.

그리고 다음 날, 우리는 해리모터스가 마련한 회의실로 입장했고, 주희는 와후피셀 회사 및 우리 태양전지에 대한 프레젠테이션을 멋지게 진행했다. 미주팀장 및 미주팀 책임급들도 함께 출장을 왔지만, 커뮤니케이션은 영어 실력이 가장 뛰어난 주희가 주도해 나갔다.

"This is our explanation today. I hope you not to lose this great chance to use our enhanced product."(오늘 설명은 여기까지였습니다. 우리의 우수한 제품을 사용할 수 있는 좋은 기회를 놓치지 않으시기를 바랍니다.)

"Okay. I am purchase director, Eric Kane. Thanks for explanation. However, I don't see any distinguished feature from your product. As you maybe aware, We, Harry is enjoying long and solid partnership with Eunsung Solar. Unless your price is 10% less than Eunsung price, we don't feel any reason to change our supplier."(안녕하세요. 구매이사 에릭 케인입니다. 설명 잘 들었습니다. 하지만 제품에 어떠한 특별한 차별성은 잘 안 보이네요. 아시는지 모르겠지만, 우리는 은성솔라와 오랜 파트너쉽을 가지고 있어요. 와후피셀이 은성솔라보다 10% 이상 저렴하지 않다면, 굳이 공급업체를 바꿔야 할 필요성이 안 느껴집니다.)

다 알아들을 수는 없었지만, 은성솔라와 비교를 하면서 우리 가격을 10% 이상 후려치려고 하는 것은 알아들을 수 있었다.

"It, It is unfair!"(불공평합니다!)

나도 모르게 회의실에서 소리를 크게 내었다. 그러자 대답이 돌아왔다.

"What? Unfair? What is unfair? You don't know how much credit is important in USA culture."(뭐라고요? 불공정하다고요? 무엇이 불공정하죠? 당신은 미국 사회에서 오랜 신용이 얼마나 중요한지를 이해하지 못하는 것 같군요.)

주희가 말을 이었다.

"Okay. Today's purpose was to let you recognize our product. I will find out any other points that will attract you."(알겠어요. 오늘 소기의 목적은 우리 제품을 여러분께 인지시켜 드리는 것이었어요. 제가 여러분들을 더욱 끌어당길 만한 다른 요소들을 찾아내 보겠어요.)

그렇게 회의는 큰 소득 없이 끝이 났다. 회의실을 나오면서 주희가 동료들이 있는 데서 나에게 말을 건네 왔다.

"으흠 음…. 서 주임님 잘하셨습니다. 고맙습니다."

"어…. 아니에요. 주…. 한 주임님."

주희를 제대로 도와주지 못해 미안한 마음이 들었다. 하지만 회의결과는 어쩔 수 없었고, 계속 이어진 다음 일정 소화를 위해 전시회장으로 이동해서 각 회사들의 부스를 차례차례 둘러보았다.

그렇게 한참을 둘러보면서 상담을 하고 있던 사이, 근처에서 사람들의 웅성거리는 소리가 들려왔다.

'Wow, isn't he Harry Dier?'(와⋯. 해리 다이어 아니야?)

깔끔한 캐주얼 수트에 백팩을 메고 나타난 남자는 바로 억만장자 해리모터스의 회장, 해리 다이어였다.

그런데 갑자기 주희가 달려가는 모습이 보였다. 바로 그 해리 다이어가 있는 쪽으로 달려가 해리 다이어의 1m 앞에 딱 맞선 것이다.

'헉! 주희가 갑자기 왜 저러지?'

이어서 주희가 말을 했다.

"Hey Mr. Dier, surprise!"(다이어 씨, 짜잔!)

"Wow! Juhee? Surprise!"(와! 주희? 깜짝이야!)

눈앞의 상황을 보고는 어안이 벙벙했다. '대체 해리 다이어가 주희 이름을 어떻게 아는 거지!'

그보다 놀라운 것은 해리 다이어가 계속 반가운 표정으로 주희에게 말을 건넸다는 것이다.

"Wow! It's so long time. You were a young student when I visited Korea 10 years ago. You have become a lady now. At that time, I felt very comfortable communication with Korean companies due to your skillful interpretation. Well…. You also introduced Chang…. Gong….”(와 진짜 오랜만이에요. 제가 10년 전에 한국에 갔을 때는 어린 학생이었는데, 벌써 숙녀가 됐군요. 그때 한국 회사들하고 얘기하면서 주희 씨 능숙한 통역 덕에 아주 편했어요. 아 그때 어디더라 주희 씨가 또 소개해 준 데가 무슨 창…. 공….)

“Chang gyeong gung!”(창경궁이요!)

“Yes! Chang gyeong gung. I was shocked with the spicy noodle you recommended, now it became popular in USA.”(네 맞아요. 창경궁. 그때 주희 씨가 소개해 준 매운 라면에 충격받았는데, 지금은 미국에서 아주 인기 있는 음식이 되었네요.)

“How is Mrs. Dier doing?”(다이어 부인은 잘 지내세요?)

“Yes. She is busy teaching students in the university. What made you come here?”(대학에서 학생들 가르치느라 바쁘죠. 주희 씨는 어쩐 일로 여기 왔어요?)

“I am working for Wowhoo P Cell. And have come here to do sales promotion to Harry Motors. I met Mr. Eric Kane. The meeting was failed. He is not interested in our product.”(제가 와후피셀에서 일하는데요. 마침 해리모터스에 판매 프로모션 하러 왔어요. 에릭 케인씨를 만났는데 우리 제품에 별로 관심이 없어 하시더군요.)

“Oh really? I will arrange 2nd meeting tomorrow. I've heard about Wowhoo. I am curious about it too.”(오 그래요? 제가 내일 다시 미팅을 잡아보

죠. 와후 들어 봤는데 저도 궁금하군요.)

그렇게 한참 해리 다이어 회장과 이야기를 마친 주희는 상황을 우리에게 설명했고, 다이어 회장의 약속대로 다음 날 두 번째 미팅을 가질 수 있었다.

주희가 다이어 회장 앞에서 다시 한번 프레젠테이션을 했고, 다이어 회장이 구매이사에게 질문을 건넸다.

"Eric. If conditions are same, is there any reason not to buy Wowhoo's product?"(에릭 씨. 조건이 동등하다면 굳이 와후 제품을 안 살 이유가 있나요?)

"We have to consider a long relationship with Eunsung Solar."(은성 솔라와의 오랜 관계를 고려해야 합니다.)

"Competition is an important developing engine in USA. It is necessary to let Eunsung have a feeling of tension sometimes. You know San Fransisco meets Hurrycane very often that WR series will be a good option for our Harry Motor's factory."(경쟁은 미국 사회에서 아주 중요한 발전 동력이지요. 때로는 은성에게도 긴장감을 줄 필요가 있어요. 또 샌프란시스코는 태풍이 자주 불기 때문에 그 WR 시리즈가 좋은 옵션이 되겠네요.)

그렇게 우리는 해리모터스와 100MW(메가와트) 규모, 400억 원짜리 대형 계약에 서명을 할 수 있었고, 모두 내 일처럼 뛸 듯이 기뻐했다.

다이어 회장은 떠나려는 우리에게 한 가지 권유를 했다.

"Juhee. Please look around our company before leaving. My Korean American staff, Heechan-Son will help you."(주희 씨. 떠나기 전에 우리 회사 한번 구경하고 가세요. 여러분들을 위해 저희 한국계 직원인 미스터 쏜이 도와줄 거예요.)

"네. 안녕하세요 한국 동포 여러분. 희찬 쏜이라고 합니다."

한국인 직원을 따라간 우리는 공장을 견학하며, 자동 컨베이어 라인, 조립 로봇 공정, 용접, 배터리 장착, 도색 등 일련의 과정을 눈으로 체험했다. 그리고 공장 안내를 끝낸 직원은 우리를 프레젠테이션룸으로 안내했다.

"여기 편하게들 앉으세요. 이어서 계속 설명해 드리겠습니다. 22년 한해 동안 전 세계 자동차 판매량이 8,000만대 수준인데 순수 EV전기차가 700만대 이상이 판매됐습니다. 거의 10%에 육박하는 수치인데요. 2030년에 이르면 신차로 판매되는 2대 또는 3대 중의 1대는 전기차일 것으로 전망됩니다."

직원이 설명하는 동안 우리는 궁금한 질문들을 중간중간 계속 던졌다.

"하이브리드를 제외한 순수 전기차만 그렇다는 거죠?"

"네 맞습니다. 배터리 가격의 점진적인 하락으로 전기차의 가격경쟁력도 높아져 갈 것으로 예상됩니다. 하지만 저희 해리모터스는 단순한 전기차에 그치지 않고, 완전 자율주행을 목표로 첨단 드라이빙 시스템을 계속 발전시켜 나가고 있습니다. 단순히 고속도로 자율주행에만 그치는 것이 아니라, 교통 신호등 시스템과 연계된 시내 자율주행, 무인 주차, 배터리 방전이 가까워지면 스스로 무선 자율 충전, 이용자가 지정한 장소까지 무인 호출 등 완전한 자율주행이 목표입니다."

"와⋯. 그러니까 앱을 이용해 택시를 부르면, 기사 없이 차가 혼자 스스로 온다는 말이죠?"

"그렇습니다. 이를 위해서는 자동차의 연결성이 중요한데요. 차 대 차 연결을 V2V, 차와 스마트폰 연결을 V2P, 차와 사회 인프라 연결을 V2I라고 하는데, 이 모든 것을 연결시키는 V2X를 구상 중에 있습니다. 물론, 자율주행 정확도와 안전성을 높이기 위해, 라이다(RIDAR), 레이더, 카메라 이미지센싱, 근접 초음파 등의 기술을 보다 정교하게 고도화하고 있습니다."

"이런 게 언제 가능해지나요?"

"기술적 진보도 중요하지만, 사회 인프라와 법률도 함께 따라와야 하는 문제라서 예단하기는 어렵습니다만, 저희 목표는 2029년이고, 아무리 늦어도 2032년을 넘기지는 않으려고 합니다."

나도 문득 궁금한 게 생겨 질문을 했다.

"그런데…. 이렇게 자율주행 차량이 많아지면 사람들이 너도나도 편리하게 이용을 하려 할 테니 도로가 꽉 막히지 않을까요?"

"후후…. 여기 그림을 보시죠. 지금의 자동차는 사람이 운전을 하죠. 운전을 할 때는 앞차와의 거리에 항상 신경을 써야 하며, 혹시 모를 돌발 상황에 대비하기 위해 차 간 간격을 유지하는 방어운전을 해야 안전합니다. 또한 옆 차량과 부딪히지 않기 위해서 차의 위치를 항상 차선 중앙에 놓고, 코너링을 할 때 차선에서 이탈하지 않도록 속도를 줄여야 합니다. 그러나 미래 자동차는 이러한 비효율을 크게 없애 줄 것입니다. 바로 군집주행이 가능해지는 것입니다."

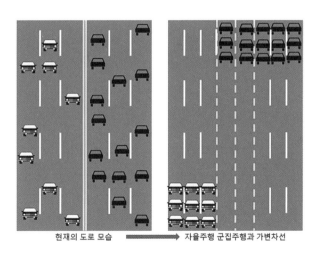

현재의 도로 모습 ➡ 자율주행 군집주행과 가변차선

"군집주행요?"

"네. 좌측 그림을 보면 9대의 차량이 오고 있으며, 반대편에서는 15대의 차량이 가고 있습니다. 똑같이 3개 차선씩을 차지하며 간격은 일정하지 않죠. 반대로 우측 그림을 보면 가변차선으로 차량 대수에 따라 유연하게 바꿀 수 있으며, 6차선 도로는 8차선 도로로 늘어났죠. 차량 간의 간격이 최소화되어 군집주행이 가능해지게 됩니다. 이러한 도로의 효율성 증가는 주행 속도를 빠르게 해주어, 자동차의 이동시간을 획기적으로 단축시켜 주게 됩니다. 시내 곳곳에 흉물스럽게 건설되어 있는 고가도로가 있다면, 도로의 효율성 증가에 따라 시간이 경과하면서 자연스럽게 철거될 것입니다."

"하지만…. 이렇게 첨단장치로 무장한 자동차는 이용료가 비싸지 않을까요?"

"택시가 지하철보다 몇 배 이상 비싼 이유는 크게 기사님 수입과 연료비 때문입니다. 내연기관 유지보수 비용도 많이 들고요. 만약 앞으로 무인 자율주행이 보편화 된다면 인건비와 연료비가 빠지게 되고 유지보수 비용이 절약되면서, 지하철 요금 수준에 많이 근접해 경쟁이 가능한 것으로 계산됩니다."

얘기를 듣던 주희도 빼지 않고 손을 들었다.

"근데 이렇게 자동차 이용이 편리해진다면, 굳이 차를 소유하지 않고 필요할 때 무인 호출을 해서 서비스 방식으로 이용할 것 같은데요?"

"오…. 미모도 아름다우신데 예리하기까지 하시군요! 지금 이 시각 현재, 전국 도로에서 달리고 있는 차량의 비율과 주차장에 멈춰서 있는 차량의 비율은 어느 정도일까요? 여러분은 어떠한가요? 지금 차를 타고 있나요? 일주일 168시간 중에 여러분의 자동차가 운행되는 시간은 몇 시간인가요? 5시간? 16시간? 30시간?"

"잘은 안 세어 봤지만, 많이는 아닌 것 같은데요?"

"그렇습니다. 지금 이 시각 전국의 자동차들 중 90%는 주차장에서 잠자고 있고, 운행되는 비율은 10%가 채 되지 않습니다. 여러분은 왜 자동차를 소유하고 있나요? 나와 나의 가족이 이동이 필요할 때 지체시간 없이 쓰기 위해서지요? 필요할 때 지체시간 없이 쓰는 것이 굳이 소유를 하지 않아도 가능해진다면, 소유의 비중은 크게 줄어들 것입니다."

"그럼 자동차 판매량도 같이 줄어들지 않나요?"

"자율주행이 보편화 되면 감소를 피할 수는 없겠죠. 그래서 저희는 단순히 자동차 판매에만 그치지 않고, 무인 자동차 서비스 이용 구독서비스 플랫폼도 운영을 계획하고 있습니다."

"그럼 자동차 안에서 운전을 안 하면 장거리를 갈 때 지루하지 않을까요?"

"지금의 자동차에서 운전자는 운전에 집중을 해야 하고, 가족들은 운전자의 안전운전을 위해 여러 가지 행동들을 조심해야 합니다. 하지만 미래의 자동차 안에서는 운전자든 동승자든 유리창이나 VR을 통해 영화를 보거나 전자신문을 읽거나, 중요한 비즈니스 작업을 하거나, 시트의 안마 기능을 통해 휴식을 취하고 잠을 자게 될 것입니다."

"그런 내부 장치들도 해리모터스가 직접 개발하나요?"

"하하⋯. 더 이상 자세한 건 보안사항이라 오늘은 여기까지만 마치겠습니다. 즐거운 미국 여행 되세요."

그렇게 직원의 배웅을 받고 나온 우리는 대형 계약을 따낸 축하에 들떠, 맥주와 함께 저녁을 마치고 숙소로 돌아왔다. 하지만 나는 대형 계약보다는, 쉬고 있는 내내 해리모터스 직원의 설명이 계속 머리에 맴돌며, 여러 생각이 떠올랐다.

'이러한 자동차 산업의 변화는 앞으로 운전기사라는 일자리를 없애고, 자동차 정비소도 크게 줄어들겠구나⋯. 지하철과 경쟁을 하게 된다면 속도가 느린 지하철 노선은 오히려 불리할 수도 있겠는데⋯? 그러고 보니 전기차는 석유의 사용량도 감소시키겠군⋯. 아! 이런 걸 산업변동이라고 하는 건가? 그래 이건 산업변동이야. 바로 모빌리티 혁명이라고!'

'띠링~'

폰에서 메시지 도착 소리가 울렸다.

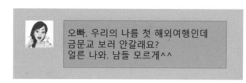

오빠. 우리의 나름 첫 해외여행인데
금문교 보러 안갈래요?
얼른 나와. 남들 모르게^^

문소리가 날까 봐 살며시 출입문을 닫고 나오면서, 한국을 떠나 낯선 땅에서 주희를 만난다는 생각에 기분이 들떴다. 주희도 그런 표정인 것 같았다.

"오빠! 금문교까지 5㎞거든. 날씨도 딱 좋은데 뛰어갈래요?"

"그래 주희야."

우리는 금문교까지 가쁜 숨을 몰아쉬면서 그렇게 40여 분을 같이 달렸다.

금문교의 밤 풍경은 무척이나 아름다웠다.

"헉…. 헉…. 하…. 숨차다. 주희야 너 왜 이렇게 잘 달…."

"오빠 쉿…."

순간 정적이 흘렀다. 온몸의 오감 센서는 오롯이 주희의 입술에만 반응
했다.

아름답다고 느껴진 것은 금문교의 밤 풍경만은 아니었다. 젊은 날의 우리
도, 주희의 긴 머리도 그랬다. 그중에서도 주희의 촉촉하고 말랑말랑한 젤
리 같은 입술은 내가 여태까지 살면서 느꼈던 최고의 아름다운 선물이었다.

"오빠, 우리 라면 먹고 안 갈래요?"

"라…. 라면을 먹고 가자고 주희야? 어…. 어디서 말이야?"

"그래 오빠. 여기 출장 와서 맨날 양식에 햄버거만 먹으니까 질린다. 저 어기 편의점 보이지? 요새는 웬만한 편의점에서 한국 컵라면을 다 파니까 아마 저기 있을 거야. 가보자!"

"어. 하하…. 그래."

그렇게 편의점에서 라면을 간식 삼아 주희와의 한밤 데이트를 마치고 나서는, 다음 날의 일정 소화를 위해 각자의 숙소로 복귀했다.

둘째 날도 전시와 포럼이 계속 이어졌다. 큰 주제는 그린 에너지였지만, 이 외에도 다양한 신기술들이 전시회에 소개되며 행사장은 여전히 많은 인파로 북적였다.

팀장과 책임급들은 포럼에 참석하고, 주임, 사원들은 전시장을 돌면서 신기술을 파악하고 수집하는 것이 임무였다. 다행히 주희와 같은 2인 1조에 편성될 수 있어서 그런지 행복한 미소가 저절로 나왔다.

그렇게 한 시간을 넘게 돌아다니다 보니, 부스 앞에 서있는 특이한 사람 형상을 한 모습이 보였다.

"와…. 오빠 이거 로봇인가 봐! 사람 모습하고 진짜 닮았지? 손 한번 만져 볼까?"

"하하 안 무섭겠어? 그거 갑자기 움직이면 어떡….."

"꺄악!"

손을 만진 주희가 외마디 비명을 질렀다.

"하하…. 저 로봇 아니에요. 사람이에요."

"아…. 죄송합니다. 제가 너무 깜짝 놀라 소리를 질렀어요…. 죄송합니다. 진짜 로봇인 줄 알았어요."

"하하…. 괜찮아요. 다른 사람들도 가끔은 이런 반응을 보이니까요."

"그, 근데…. 어떻게 한국말을…."

"여러분이 한국말을 하시길래 한국분들이라고 생각했어요. 저희가 이래 보여도 한국에 사무소도 운영을 하고 있답니다. 저는 초등학교 때까지 한국에 살았습니다. 하지만 큰 교통사고를 당했지요. 수술은 다행히 잘 끝났고, 회복 후에 잘 적응하기 위해 노력했지만 두 손이 없는 상태로 할 수 있는 것은 아무것도 없더군요."

"아…. 그런 일이…."

"그래서 부모님께서 미국으로 이사를 결정하셨죠. 이곳은 타인과의 다름에 대해 한국보다 훨씬 관용적인 사회입니다. 한국도 미래 위기를 극복하기 위해서는 더욱더 다양성에 대한 포용이 필요하지 않을까요? 아무튼, 덕분에 여기서 열심히 로봇공학을 공부했습니다. 이 의수도 제 작품이에요. 바로 여기 부스가 제 회사입니다. 이래 보여도 나름 나스닥에 상장도 된 회사랍니다."

그 남자가 가리킨 곳은 'AI-PET'이라는 간판이 붙어 있는 부스였다. 강아지 형상을 한 로봇이 전시되어 있었다.

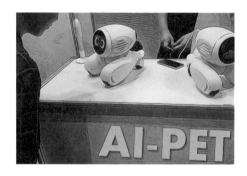

"저희 로봇 강아지들은 다른 강아지들과 다르게 최신 자연어 처리 기반 인공지능인 '톡GPT'를 탑재하고 있습니다. 강아지랑 대화해 보실래요?"

"와…. 강아지가 말을 하나 보죠?"

주희가 신기한 듯 물으며 대화를 이어 나갔다.

"안녕? 너 말할 줄 아니?"

"안녕하세요. 저는 대화를 할 수 있도록 프로그래밍 되어 있습니다. 따라서 말을 걸면 적절한 대답을 해줄 수 있습니다."

"와 진짜 말한다! 샌프란시스코의 날씨가 화창할 때면 기분이 정말 좋아. 8월에는 조금 덥기는 하지만 그래도 파란 하늘이 정말 멋져. 이럴 때 반려 로봇과 같이 산책을 하면 참 좋을 것 같은데?"

"네, 산책은 반려 로봇과 함께 즐기기에 아주 좋은 활동 중 하나입니다. 샌프란시스코의 멋진 날씨를 즐기며 반려 로봇과 함께 걷는 것은 기분 좋은 경험이 될 것입니다. 또 반려 로봇은 산책 중에 주인의 심리적 안정감을 높여 주는 등의 긍정적인 효과를 가져다줄 수 있습니다."

"그렇구나. 음…. 그런데 만약에 말이야. 만약에 나쁜 사람이 나쁜 마음을 먹고 너희 같은 귀여운 반려 로봇을 무기 같은 나쁜 용도로 개발하면 어떡하지?"

"그렇습니다. 모든 기술과 제품들은 개발자와 사용자의 의도에 따라 다양한 용도로 사용될 수 있기 때문에, 반려 로봇 역시 마찬가지입니다. 반려 로봇이 악용되어 사람이 피해를 보는 경우가 발생할 가능성이 있습니다."

"저…. 정말?"

"그래서 반려 로봇 개발자들은 이를 방지하기 위해 보안 시스템을 강화하고, 악용 가능성이 있는 기능들에 대한 사용 제한 등의 방안을 고민하고 있습니다. 또한, 법적 제재가 있는 행동이라면 법 집행기관에 신고하는 것도 중요한 방법 중 하나입니다."

"그렇구나. 그러면 나쁜 용도로 반려 로봇을 사용하게 되면, 로봇은 사람을 해치지 않는다는 원칙에 위배되는 게 아닐까?"

"맞아요. 로봇의 3대 원칙 중 하나인 '로봇은 사람을 해치지 않는다'는 원칙은 매우 중요한 원칙 중 하나입니다. 이 원칙은 로봇이 사람에게 해를 끼치지 않도록 함으로써 인간과 로봇이 공존할 수 있는 기초를 마련하기 위한 것입니다. 그러나 이러한 원칙을 지키기 위해서는 법과 제도 등의 체계적인 대책도 필요합니다. 나쁜 용도로 사용되는 것을 막기 위해 로봇기술과 함께 법과 제도, 윤리 등이 고려되어야 합니다."

"근데 만약에 갑자기 지구에 환경 위기라든지, 운석 충돌과 같은 상황이 생겨서, 사람들이 곤경에 처해지고 나서, 로봇을 막 분해해서 고철로 내다 팔고 하면, 반려 로봇들이 저항하지 않을까? 영화 〈터미네이터〉에서도 로봇들이 인간을 공격하잖아?"

"우선, 현재까지 인공지능 기술의 발전 수준에서는 로봇들이 인간을 스스로 공격하는 것은 불가능합니다. 반려 로봇이나 다른 로봇들이 인간을 위협할 수 있는 경우는, 이를 제어하는 사람이나 단체들이 로봇을 악용하는 경우입니다. 하지만 악용 가능성은 항상 존재합니다. 이러한 경우를 예방하기 위해서는 로봇을 개발하고 사용하는 과정에서 책임을 다하는 것이 중요합니다. 또한, 로봇의 개발과 사용에 있어서는 인간 중심의 원칙을 지키며 안전성과 윤리적 측면을 고려하는 것이 필요합니다. 이를 위해서는 관련 법규와 규제가 강화되어야 하며, 이를 지키지 않을 경우에는 적극적인 제재가 이루어져야 합니다."

"음 답변 마음에 든다. 너 천재구나? 반려 로봇들이 항상 행복하기를 바라."

"제가 답변에 도움을 드릴 수 있어서 기쁩니다. 저도 반려 로봇들이 항상 행복하게 지낼 수 있도록 기원합니다. 미래에는 인간과 로봇이 함께 지낼 수 있는 더욱 쾌적하고 안전한 환경이 만들어졌으면 좋겠습니다."

우리는 로봇이 말하는 대화 수준에 깜짝 놀라지 않을 수 없었다.

"사장님. 이 로봇은 다른 인공지능들보다 대화가 훨씬 자연스러운 것 같아요. 지식도 깊이가 있고요."

"네 그렇습니다. 여기 적용된 톡GPT는 자연어 처리 기반의 인공지능이거든요. 그리고 사람들과 대화를 나누면서 딥러닝을 하고, 또 그 데이터베이스를 축적하기 때문에 방대하고 깊이 있는 지식을 가지고 있습니다."

"놀랍네요 정말."

"후후 지금은 표면도 플라스틱이고 아직 동작도 자연스럽지 못하지만, 액츄에이터를 이용해 동작도 진짜 강아지처럼 뛰고 달리고 점프하게 하고, 표면에도 실리콘 소재에 털을 입혀 강아지와 똑같은 느낌을 갖게 하는 것이 저희의 목표입니다. 에너지는 리튬이온 배터리를 사용하는데 배터리가 다 떨어져 가면 스스로 충전구를 찾아 자동충전 가능하도록 만들 생각입니다."

"자율주행 자동차도 스스로 충전을 하게 만든다는데 이와 비슷하군요?"

"맞습니다. 그뿐만 아니라, 사람의 말에 반응하는 것을 넘어 스스로 먼저 말도 걸고, 애교를 부리게도 만들 생각이죠. 소재의 경량화, 배터리 밀집도 증가, AI 고도화 및 시스템반도체 설계 등 기술이 더 발전해야 하지만, 시간이 걸릴 뿐이지 곧 실현될 것으로 예상합니다."

"와 그렇게 되면 모양과 동작은 강아지인데, 말도 하고 엄청 똑똑한 강아지가 되겠네요?"

"사실 이 기술을 발전시켜, 인공지능 사람을 만들 것입니다. 돌아가신 저희 아버지도 생전 모습과 똑같이 복원을 해야 하고요! 바로 휴머노이드(Humanoid)를 만드는 거죠. 지금은 아직 매출이 없지만 그래도 투자 펀딩 의사를 표시하는 잠재적 투자자들이 점점 많아지고 있습니다!"

"혁…. 네 아 알겠습니다. 감사합니다."

"감사합니다."

"이제 가자 오빠."

"어 그…. 그래."
그렇게 AI–PET사의 설명을 한참 듣고 난 우리는 다음 홀로 이동하기 위해 걸음을 재촉했다.

"오빠 근데 좀 섬뜩하지 않아? 사람과 똑같은 피부를 가지고 사람과 똑같이 행동하는 로봇이 있다면 사람과 구분하기도 어렵고 무서울 것 같아. 게다가 그 로봇은 사람보다 훨씬 더 똑똑할 테고 말이야. 그리고 아까 봤어 오빠? 〈터미네이터〉 물어봤을 때 로봇 표정이 갑자기 돌변했어!"

"에이…. 잘못 봤겠지…."

주희를 안심시키기 위해 그렇게 대답을 하기는 했지만, 나도 기분 탓이었는지 로봇 표정이 잠깐 동안 바뀐 느낌을 똑같이 느꼈던 차였다. 어쨌든 인공지능과 로봇기술이 고도로 발전해서 길에 걸어가는 것이 사람인지 로봇인지 분간이 안 간다면 무서울 것 같다는 생각이 들었다.

"오빠 옛날에 〈아이, 로봇(I, Robot)〉이라는 영화 본 적 있어요? 왜 그 윌 스미스 나오는 영화 있는데."

"어. 나 중학생 때였는데 극장에서 처음 본 영화가 그거였어. 주희도 봤니?"

"난 초등학생 때였는데 너무너무 무서워서 울었던 기억이 나. 그 영화 보면 로봇 AI가 자의식이 생기고 인간에 대한 통제권을 가지려고 하잖아. NS5 로봇들이 처음에는 가정용 도우미 같은 역할이었는데, 나중에 모여서 부대를 이루고 사람들을 마구 공격했어. 난 그때 로봇 생김새가 너무 사람 얼굴 같아서 꼭 실제로 일어날 일처럼 정말 무서웠다구!"

"하하 주희야. 지금도 이미 인공지능과 로봇은 우리 생활 안에 들어와 있는걸?"

"지금도?"

"그럼. 지금 스마트폰 비서인 쉬리나 빅스비, 구글 어시스턴트 같은 것들도 일종의 인공지능이잖아. 아까 만났던 톡GPT도 그렇고. 또 집에 있는 AI스피커도 인공지능 기반이야. 어제 해리모터스 공장에서도 봤듯이 이미 로봇들이 산업현장에 투입돼서 적용이 되고 있잖아? 또 로봇청소기를 보면 스스로 판단하면서 장애물을 피해 돌아다니다가, 배터리 자동충전도 스스로 하잖아. 이게 미래의 자율주행차나 로봇의 초기 버전 모습이 아닐까 생각이 들어."

"안 돼 오빠. 로봇이 더 발달하면 인간을 공격할지도 모른다고!"

"음…. 아까 AI-PET 로봇 강아지가 말한 것처럼, 법과 시스템을 체계적으로 갖추고, 이를 어길 경우 강력하게 제재하는 노력을 계속해 나가는 수밖에 없겠지…."

"AI와 로봇의 발전은 피할 수 없는 걸까?"

"응 아마도 피할 수 없을 거야. 내가 아는 엄청 이상한 사람 한 명이 얘기해 준 건데, 이건 거대한 산업변동 같거든…. 바로 AI 혁명, 로봇혁명 말이야. 그리고 이건 누군가에게는 큰돈을 벌 수 있는 기회를 가져다줄지도 몰라. 나 방금 그런 생각이 들었어."

"산업변동?"

"잠깐만 주희야…. 나 친구한테 메시지 좀…."

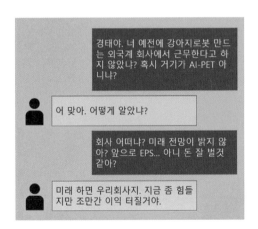

'그래…. 이거야! 박 팀장님이 말한 미래 EPS가 기대되고, 거대한 산업 변동의 흐름과 같이 가는 회사!'

"오빠 오빠. 무슨 생각해?"

"아…. 아니야 주희야. 다음 일정이 어디지?"

"아이고 점심시간 다 됐네요. 일단 저기 딤섬 먹으러 가자 오빠."

"그…. 그러자."

'그래 바로 이거였어! 이건 지난 주식투자손실을 만회하고 내 인생을 바꿔 놓을 절호의 찬스인지도 몰라! 일단 공로상 받은 500만 원과 입출금 통장에 있는 800여만 원…. 그리고 어쩌면 3,000만 원 정기예금도 해지해야 할지도 모르겠군….'

#14 서스테이너빌리티

그렇게 전시회를 통해 많은 선진기술들을 접한 우리는 해리모터스에 이어 몇 군데 회사와 더 계약을 체결하고, 일주일간의 미국 출장 막바지를 향해 달려가고 있었다. 다음 날 오후 한국으로 돌아가는 비행기를 타기 전 마지막 날 아침이었다.

"자 국내판매팀 서영찬 주임은 예정대로 오늘 기후위기 세미나에 참석해 주세요. 실시간 통역 헤드셋에서 한국어가 나오니까 중요한 내용들 메모해 놓는 것 잊지 마시고요."

"네 알겠습니다."

주희와 눈빛으로 그날 아침의 작별인사를 나눴다. 세미나장에 들어서니, 벌써부터 많은 사람들이 들어차 있었다.

이어서 곧 연사가 발제를 시작했다. 신기하게도 헤드셋에서는 실시간 통역이 되어 한국어 음성이 흘러나왔다. 헤드셋 마이크를 통해 질문을 원하는 사람은 자유롭게 질문을 던질 수 있는 방식이었다.

"안녕하세요, 여러분. 좋은 아침입니다. 좋은 아침부터 이런 이야기를 해도 될지 모르겠지만, 지구에는 지금까지 크게 다섯 번의 대멸종 사건이 있었어요."

연사는 시작하자마자 대멸종부터 언급하며 청중들의 경각심을 불러일으켰다.

"첫 번째 대멸종을 4억 4,000만 년 전으로 보는데, 이것이 지구에 흔적으로 남아 있기 때문에 첫 번째라고 부르는 것이고요. 사실 그 전에도 우리가 모르는 대멸종 사건은 더 많이 있었을 것으로 추측됩니다."

"Why are you wearing swimming clothes?"(근데 왜 수영복을 입으신 거죠?)

"너무 덥기 때문이죠. 바로 지구온난화를 경고하기 위함입니다. 여러분, 지구에서 다섯 번 있었던 대멸종 사건의 공통점이 뭔지 아세요? 바로 당시 지구를 지배했던 지배종은 언제나 대멸종과 함께 사라졌다는 것입니다. 그리고 원인은 화산, 소행성 충돌 등 여러 가지였지만 심각한 지구 기후의 변화가 수반되었다는 것도 공통점이죠."

"But isn't it in the past story?"(하지만 그것은 과거의 이야기일 뿐이지 않나요?)

"천만에요. 지금 지구에서는 여섯 번째 대멸종(The 6th extinction)이 이미 시작되었습니다. 과거 인류는 16세기에 아프리카 모리셔스에 들어가서 100년도 채 안 되어 도도새를 멸종시킨 것을 시작으로, 지금도 매년 무려 50종 가까운 동물들이 멸종되고 있습니다."

"50 species every year?"(매년 동물이 50종씩이나 없어진다고요?)

"네. 여섯 번째 대멸종이 일어난다면 지구의 지배종인 인류도 멸종을 피할 수 없습니다. 무분별한 개발과 탄소의 배출이 지구의 생태계를 파괴하고 결국 인류도 파괴해 나갈 것입니다."

얘기를 듣고 있던 나는 나름 천체물리학을 전공한 사람으로서, 궁금한 점이 생겼다.

"Uhm…, Dear…."(저기….)

"Just speak your language. Your headset will interpret it automatically."(그냥 모국어로 하셔도 됩니다. 헤드셋이 자동 번역해 줄 거예요.)

"아 네…. 저는 대학에서 천체물리학을 전공했습니다. 지구의 공전궤도와 자전축이 긴 시간에 걸쳐서 변하는데요. 이는 지구가 태양으로부터 받는 에너지의 양을 미세하게 변화시킵니다. 이 미세한 변화가 바로 지구에 빙하기와 간빙기를 만들고 있죠."

"네. 그런데요?"

"가장 마지막 빙하기는 11만 년 전에 시작되어, 약 1만 2,000년 전에 끝났어요. 이 이야기는 1만 2,000년 전부터는 간빙기가 시작된 것이고 지구의 온도는 계속 올라가고 있는 것이 당연하다는 것이지요. 지구 온도의 상승은 간빙기에 진입한 지구 자체의 현상일 뿐, 꼭 탄소 배출 때문이라고는 말할 수 없지 않을까요?"

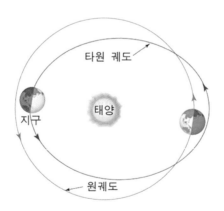

"아주 좋은 질문입니다. 지금 지구는 간빙기에 접어든 것이 맞습니다. 간빙기 때는 지구의 평균 온도가 빙하기 때보다 5도씩이나 올라갑니다. 그런데…. 무려 5만 년에 걸쳐서 말이죠. 이것이 대답이 되었을까요?"

"무슨 얘기인지 잘…."

"5만 년에 5도가 올라간다면, 1도가 오르는 것은 1만 년에 걸쳐서 아주 서서히 올라가는 것이 정상적인 지구 현상입니다. 하지만 산업혁명 이전 1850년대의 평균 지구 온도는 13.7도였고, 지금은 무려 15도에 이르고 있죠. 지구 온도 1.3도가 올라가는 데 1만 3,000년이 아니라, 겨우 173년밖에 안 걸린 것입니다."

"그렇군요. 간빙기 현상치고는 급격한 온도상승이군요. 설명 감사드립니다."

"그보다 급격한 것은 1800년대 초 280ppm이던 대기 중 이산화탄소 농도가 작년 기준 420ppm이 넘는다는 것이에요. 간빙기 때문에 지구 온도가 자연스럽게 올라가는 것이라는 주장은 개발론자들의 궤변에 불과합니다."

'탄소 증가량이 이렇게나 급격하다니….'

"탄소가 대기 중에서 지구 열을 붙잡아 두는 비닐하우스와 같은 온실 역할을 하잖아요? 근데 어느 나라에서 오셨죠? 무슨 일을 하시는지요?"

"아…. 저는 한국에서 왔고, 태양전지 제조 업체에서 근무를 하고 있습니다."

"오 코리아? 사우쓰 코리아지요? 오 한국이라면 삼성, LG, SK가 화석연

료를 감소시키는 이차전지를 만들고 있고, 현대차의 전기차 가속화, 포스코의 수소환원철 등 모범적인 기업들이 많아요."

"감사합니다."

"그리고 사실은…. 제가 K팝의 팬이에요! 특히 BTS를 좋아하는 ARMY 입니다! 멀리 한국에서 오셨으니 제가 답례로 저의 댄스를 한번 보여드리지요. 태양전지 제조는 지구를 위한 멋진 일이에요. 나이스 보이!"

연사는 그렇게 말하고서는 갑자기 격렬한 댄스 동작을 하려 했다.

그때였다. 청중 사이에서 한 금발 머리 남자가 소리쳤다.

"Hey, hey! Stop, stop it. I don't like spending my time to see your dance. Let me ask one question. Why are you so opposite to developing capitalism?"(그만, 그만 하세요! 제가 당신의 춤을 보려고 귀중한 시간을

내서 여기에 온 것이 아닙니다. 질문을 하나 하죠. 왜 이리 발전하는 자본주의에 반대 입장이
시지요?)

"으흠…. 죄송합니다. 제가 갑자기 흥이 나면 춤을 추는 버릇이 있어
서…. 질문에 대해서는 답을 해드리지요. 저는 뼛속까지 자본주의자입니
다. 흔히 기후위기의 심각성을 이야기하면 자본주의에 반대한다고들 생각
을 하지요."

"Isn't that so?"(아닌가요?)

"한 가지 예를 들자면, 1930년대 경제대공황은 케인즈의 주장대로 국가
가 시장경제에 개입하면서 치유가 됐어요. 지금도 국가는 시장의 질서를
위해 통화량 조절, 독과점 규제, 법인세 조정 등 시장경제에 개입을 하고
있죠. 국가가 시장경제에 개입하는 것은 반자본주의적인가요?"

"Yes, I think so."(네 저는 그렇게 생각합니다.)

"아닙니다. 국가가 시장경제에 개입하
는 것은 바로 그 자본주의를 위해서입니
다. 자본주의의 위대한 점이 뭔지 아세요?
바로, 무너진 마르크스 엥겔스의 사회주
의, 공산주의 이론까지 자본주의가 흡수
해서 자기화했다는 점이에요."

'자본주의가 사회주의 이론까지 흡수했다라….'

"자본주의는 이렇게 끊임없이 변신하고 발전해 오면서 위기도 극복해 내고 있죠. 바로 시장경제에 대한 국가의 적절한 개입이 지속 가능한 자본주의를 뒷받침해 주고 있는 것입니다."

"Is that related with climate crisis?"(그것이 기후위기와 무슨 상관이죠?)

"바로 기후위기에 대한 대처는 국가가 시장경제에 적절히 개입하는 것처럼, 자본주의의 지속을 위해서 매우 중요한 일입니다. 시장경제의 개발과 경쟁 논리대로 환경파괴를 일삼고 석유 같은 자원들을 무분별하게 파헤치다 보면, 후손들은 자원 부족 사태에 시달릴 것이고, 기후 변화와 생태계 파괴로 자본주의는커녕 인류의 삶조차 위협받게 될 것입니다. 기후위기에 대한 대처는 지속 가능한 자본주의를 위한 중요한 활동입니다."

"Uhm…. Your explanation makes sense."(음…. 듣고 보니 일리가 있군요.)

"기후위기는 미래의 이야기가 아니라 직면하고 있는 현실입니다. 앞으로는 기업이 단순히 이윤을 잘 벌어들이고 있느냐가 아니라, 기후위기 대처에 얼마나 동참하고 있는지가 기업 가치의 평가의 중요한 기준이 될 것입니다."

"Standard of corporate value?"(기업 가치의 기준까지 된다고요?)

"당장 유럽연합도 2050년 RE100(재생에너지 100%) 목표에 동참하는 기업의 제품 위주로 구매를 하고 있어요. 기후위기에 대한 대처가 제대로 안 되는 기업들은 그 나라 안에서는 통할지 몰라도, 글로벌 무대에서는 결코 통하기 어려울 것입니다."

청중들이 박수를 쳤다.

"오늘 제 세미나는 여기까지 하도록 하죠. 더 궁금한 부분이 있으시면 화면에 표시된 이메일로 연락을 주세요. 다들 회사로 돌아가셔서 ESG(Environment, Social, Governance) 경영 중, E의 부분을 특히 강조해 주시리라 믿습니다. 감사합니다."

그렇게 미국 출장의 마지막 날 일정이 모두 끝이 났다.

'여기 샌프란시스코 정말 좋은 시간들이었어….'

해외 바이오들과의 계약 체결 현장에 같이 있었던 순간들도 좋았지만, 이국적인 풍경 속에서 전시회에 참여하며 새로운 기술과 변화하는 세상에 대한 공부가 된 것 같아 뿌듯한 마음이 들었다. 그리고 출장을 계기로 주희에 대한 감정은 더욱 깊어져 갔다. 숙소에서 조금 떨어져 주희와 밤 산책을 함께 하고는, 벤치에 앉아 이야기를 주고받았다.

"오빠…. 오늘 출장 마지막 밤인데 기분이 싱숭생숭하다. 오빠는 어때?"

"나도 그래…. 우리 나중에 꼭 둘이서만 여행을 오자."

"오빠…. 나 기분이 이상해."

폰 스피커에서는 쿨의 'Cool Night'이 흘러나오고 있었다.

두려워하지 말아.

어색한 시간이 가면 모든 게 변할 거야.

빛나는 너의 눈에 난 빠져들고 있어.

감추려 하지 말아. 난 숨김없는 너를 보고 싶어 오늘만은 제발.

서둘러 너 다가오지 마. 시간은 많으니까.

난 너의 맘속으로….

조금씩 너를 느끼고 싶어.

이 밤이 길지 않아.

아무 말도 하지 말아.

Please kiss me. I give all give all and I give all my love.

Please kiss me. I give all give all.

This is my loves loves for you.

그렇게 출장의 마지막 날을 보낸 우리는 여행의 아쉬움을 뒤로 하고, 다음 날 한국으로 돌아오는 비행기에 몸을 실었다. 이제 일상으로, 현실의 전쟁터로 다시 돌아가야 하는 순간이었다.

'그래 이번에 정말 많은 공부를 했어. 특히 AI-PET은 무척 감명 깊었어. 한국에 돌아가면 인생을 한번 걸어 볼 만하겠어.'

"그래! 가능한 모든 돈을 투자해 보자. 한번 해보자고!"

#15 Low Risk, Medium Return

미국 출장에서 복귀 후 첫 출근 날이 되었다. 시차 적응 때문에 몸까지 힘든 데다가 다시 치열한 업무의 전선으로 뛰어들어야 한다고 생각하니 가슴이 답답해지는 느낌이 들었다. 샌프란시스코의 푸른 하늘이 눈에 선했다.

"여어~ 서영찬 왔어? 길 안 잃고 살아 돌아왔네 하하하."

"예 박 팀장님! 무사히 복귀했습니다."

"일단 출장보고서 준비해서 올리고, 지금 밀린 일이 엄청 많으니까 이 책임하고 업무 진행 상의하고. 아! 그리고 무사히 돌아온 기념으로 저녁때 환영 회식이나 한번 해야지? 뭐 덕분에 나도 소주 한잔하고 말이야 흐흐."

"하하 팀장님. 소주 마실 핑계로 저 데려가시는 거 아닙니까? 팀장님은 다 좋으신데 술만 조금 줄이세요."

"이놈아 인생에서 술이 빠지면 얼마나 무미건조하겠냐? 옛날 당나라 이태백이 괜히 시를 잘 쓰고 유명인이 된 게 아니야. 술과 친구를 삼았기 때문에 가능한 일이었지. 아무튼 저녁때 시간 비워 놔?"

"옙."

회사 시스템에 로그인을 하니 낯익은 이름의 공지가 올라와 있었다.

```
[인사공지]

공로상
ㅇ한주희 주임/미주영업팀
ㅇ상금 : 1천만원
ㅇ사유 : 대형계약 체결 공헌
*사장 표창이 9.6일 10시 예정되어 있습니다.
```

주희에게 축하의 메시지를 보낸 후, 정신없이 출장 보고를 작성하고 밀린 업무를 어느 정도 처리하고 나니, 벌써 점심시간이 다 되었다.

'점심시간을 이용해서 자산 포트폴리오를 다시 짜봐야겠어. AI-PET에 금액을 얼마나 투자할지 결정을 해야겠지?'

회사 일을 구멍 내지 않고 성실히 해내는 것도 중요했지만, 나 스스로의 레벨업을 포기할 수는 없었다. 그것은 회사가 책임져 줄 수 없는 일이었다. 출장 때 접한 반려 로봇 AI-PET에 대한 뉴스 알림 설정을 해놓는 것도 잊지 않았다.

'띠링~'

'오…. 마침 AI-PET 새로운 소식인가 본데? 무슨 신제품이라도 개발하는 건가?'

샌프란시스코 타임즈

2023. 9. 4.

AI-PET, 유망 스타트업 충격의 파산!

○ 자본잠식 극복 못해

○ 미완의 꿈

○ 신규투자 불발 및 기존 투자자 상환 압력

뉴스 기사를 열어 본 나는 깜짝 놀라지 않을 수 없었다. 바로 지난주만 해도 전시회에 나와 부스를 열심히 홍보하던 AI-PET이 파산했다는 것이 믿기지 않았다. 하지만 다른 뉴스들을 검색해 봐도 기사 내용은 다르지 않았다.

'갑자기 회사 사정이 어려워졌을 리는 없고, 이미 회사에 부실이 누적되어 가고 있었던 건가….'

왜 갑자기 파산했는지 궁금한 마음이 들었지만, 그보다 더 마음이 쓰였던 것은 애써 찾아 놓은 투자할 만한 대상이 하루아침에 사라져 버렸다는 것이었다. 덧붙여, 출장보고서에 잔뜩 써놓은 AI-PET에 대한 칭찬 일색의 내용도 수정해야 했다.

'그냥 또 평범한 하루살이 회사원의 삶으로 돌아올 수밖에 없는 건가….'

그렇게 풀이 죽은 채로 박 팀장님과의 저녁 식사 약속시간이 어느새 다가왔다.

"하하 서영찬 미국 출장 고생 많았어. 그래 한주희 주임 뒤꽁무니는 졸졸 잘 쫓아다녔나?"

"네? 하…. 한주희 주임요?"

"그래 한 주임 말이야. 근데 왜 자네 얼굴이 갑자기 빨개지지? 혹시 사귀나?"

"푹…."

갑작스러운 박 팀장님의 질문에 마시고 있던 소주를 뿜고 말았다.

"뭐야! 자네 옷 더러워지는 건 상관없는데 술이 아깝잖아!"

"죄…. 죄송합니다 팀장님. 갑자기 사레가 들려서. 한 주임과 제가요? 에이 말도 안 됩니다. 하하….."

"흠…. 수상하네…."

"아. 근데요 팀장님. 제가 미국에서 정말 좋은 회사를 발견했거든요? 바로 출장보고에 올렸던 AI-PET인데요. 정말 기술이 뛰어나 보였어요."

"아 AI-PET? 보고서 봤어. 파산했다며?"

"네…. 사업 전망도 밝아서 미래 예상 EPS도 좋아 보였거든요. 무엇보다 산업변동을 선도해 나가는 회사라는 생각이 들어서, 정말 좋은 투자 기회라고 생각했어요. 그런데 갑자기 투자할 곳이 사라져 버리다니…. 저는 왜 이리도 운이 없는지…."

"쯧쯧…. 서 주임 자네 바보 아니야?"

"예에?"

"생각을 좀 해보라고. 지금 투자 대상이 없어졌다고 풀 죽어 있을 게 아니라, 거기에 투자해서 돈 날리지 않은 걸 천만다행으로 생각하고 기뻐해야 하는 거 아니야?"

"어? 어. 그리고 보니…."

"내가 볼 때 서 주임은 아직도 정신 차리려면 멀었어. 일확천금을 노리는 한탕주의 성향이 여전히 너무 강해."

"제가요? 하하. 아니에요, 팀장님. 저 이제 안 그래요."

"물론 일확천금을 얻으면 누구나 좋지. 이걸 전문용어로 하이 리턴이라고 한다고 하이 리턴. 그런데 말이야 서주임. 세상에는 공짜가 없는 거야. 하이 리턴 앞에 반드시 따라오는 게 뭔 줄 알아? 바로 하이 리스크야."

"아…. 하이 리스크, 하이 리턴 할 때 그거요?"

"그래 높은 수익은 항상 높은 위험을 달고 다니지. 내가 예를 하나 들어줄까. 만약에 어떤 1,000평 땅이 있다고 쳐봐. 그곳은 금광이 묻혀 있다는 소문이 도는 곳이지."

"네 팀장님."

"그런데 이 땅을 아무도 지질조사를 한 적이 없어. 금광이 묻혀 있다는 소문만 있는 거야. 자 그럼 이 단계에서 이 땅에 투자하는 사람은 어떤 사람들이야?"

"약간 도박 같은 느낌? 위험하지 않을까요?"

"그래. 성공확률 1%. 하지만 성공하면 초대박! 그러면 반대로, 지질조사가 모두 끝나고 금 매장량 추정치가 공식적으로 나왔어. 그러면 물론 실제 채굴 단계에서 약간의 변동은 있겠지만 큰 변수는 없을 거라고 보면, 이 상태에서 이 땅에 투자하는 사람들은?"

"실패확률은 적을 것 같아요. 하지만 수익이 뻔할 것 같은데요? 은행이자율 조금 상회하는 정도?"

"그래 성공확률은 99%겠지만, 이익도 적겠지. 마치 은행에 돈을 넣는 것과 크게 다르지 않을 거야."

"그럴 것 같아요. 금 채굴 비용과 금 판매 비용이 어느 정도 미리 계산이 나오니까요. 만약 금값이 떨어지기라도 한다면, 차라리 그냥 금 상품에 투자하는 것보다 못할 수도 있겠는데요?"

"그래. 그래서 자본주의 세상을 살아가는 우리는 투자할 때 하이 리스크 하이 리턴을 피하면서도, 물가상승률보다는 높게 투자해야 하는 과제가 있는 거야. 명심해. 로또 복권은 천원을 투자해서 200만 배인 20억 원에 당첨될 수 있는 초대박 하이 리턴이 가능하지만, 800만분의 799만 9,999의 실패 확률이 있는 하이 리스크를 항상 함께 달고 다니는 거야."

"하지만 그런 높은 수익을 올리면 짜릿하지 않을까요?"

"우리는 나 혼자만의 존재가 아니잖아? 누군가의 자식이며, 배우자이며, 부모이지. 대박의 꿈을 추구하기 위해 하이 리스크에 베팅을 하다가는 말 그대로 실패할 확률이 매우 높고, 고통은 나 혼자만이 아닌 주변의 여러 사람에게 전가되고 말지."

"아 어려운데요. 하이 리스크 하이 리턴을 추구할 수도 없고, 또 물가상승률보다는 높은 수익을 올려야 하고…. 좋은 방법이 없을까요?"

"만약에 나라면, 최종 지질조사 결과가 아니라, 중간 지질조사의 추정치가 어느 정도 윤곽이 나왔다거나, 최소한 지질조사 전문가가 다녀가 금이 있을 확률이 높다는 말을 들었을 때 투자를 결심할 거야. 이게 바로, 로우 리스크(Low Risk), 미디엄 리턴(Medium Return) 전략을 추구하는 거야."

"로우 리스크, 미디엄 리턴이라…."

LOW RISK & MEDIUM RETURN

~~HIGH RISK & HIGH RETURN~~

"나중에 서 주임도 부동산 투자를 하겠지만, 토지도 마찬가지야. 지하철역 계획이 없는 토지, 지하철역 소문이 있는 토지, 지하철역 예비타당성

조사를 하는 토지, 짓기로 확정된 토지, 착공이 시작된 토지, 완공이 된 토지의 단계에 따라 매수자 입장에서의 시세차익 가능성은 줄어들고, 동시에 리스크도 줄어드는 거라고. 적절한 시점에서 로우 리스크, 미디엄 리턴을 가져가는 전략이 중요해."

"근데요 팀장님, 로우 리스크인데, 어떻게 로우 리턴이 아니고, 미디엄 리턴이 가능할까요?"

"그건 바로 투자 대상에 대한 끊임없는 탐구가 가능하게 해주지. 그래야만 수익성이 높을지를 예측하고, 리스크는 줄일 수가 있다고."

"노력을 통해서요?"

"금광에 관심이 가면 지질조사 전문가를 만나러 가야 하고, 교통망이 신설될 토지에 관심이 가면 담당 공무원을 붙잡고 늘어져야 하는 거라고. 관심이 가는 주식 종목이 생기면 회사가 발행하는 정기보고서를 정독하고 IR 담당자에 집요하게 물어봐야지."

"아…."

"그래야 피 같은 내 돈을 투자했을 때 실패를 줄이고 이익은 늘릴 수가 있겠지? 그래…. AI-PET의 EPS, BPS는 따져 본 거야?"

"네. 사업이 괜찮았고 미래 EPS가 좋을 거라고 봤거든요."

"자 다시 기본으로 돌아가자. 내가 서 주임한테 처음에 얘기해 준 게 미래의 EPS가 아니고 지나간 BPS와 EPS를 확인하는 숙제를 줬던 것 같은 데?"

"아니 언제는 과거보다는 미래의 BPS, EPS가 중요하다면서요?"

"이거, 이거…. 말짱 헛배웠구만. 내가 언제 과거의 BPS, EPS는 볼 필요가 없다고 한 적이 있나?"

"그, 그건 아니지만…."

"이놈아. 회사가 당장 망할지 안 망할지는 최소한 봐야 될 거 아니야. AI-PET의 상황은 잘 모르지만, 회계를 제대로 기록했다면 아마 지난 수년간 자기자본 감소와 적자에 시달리고 있었을 거야. 최근에 그 상황이 더욱 나빠졌을 테고."

"맞아요. 기사에도 그렇게 나오더라고요."

"그래서 10년 뒤에 성장하고 발전할 회사를 찾는 것은 주식투자에서 아주 중요하지만, 그 전제는 당장 망하지 않을 회사라야 한다는 거야. 당장 망하기 직전인데 10년 뒤 미래가 그럴싸하면 무슨 의미가 있겠어? 그래서 회사의 지나간 재산 상태와 이익을 따져 보는 것은 기본적으로 중요한 거야. 특히 작은 스타트업일 수록 말이지."

"아 제가 또 헛똑똑이짓을 했네요. 무슨 말씀인지 이해했습니다. 팀장님."

"AI-PET 회사 자체는 훌륭한 기술을 가지고 있지만, 아직 설익은 기술을 가지고 너무 무리한 투자 집행을 했던 모양이군. 한마디로 회사가 현재의 캐시카우 없이, 미래의 장밋빛만 보고 하이 리스크 하이 리턴 식으로 투자비를 올인 했던 것 같군."

"아⋯. 그러면 어디에 투자를 해야 할까요 팀장님? 종목 하나만 찍어 주시면 안 될까요?"

"허허⋯. 난 투자의 큰 가이드 라인은 줄 수 있지만, 절대 특정 종목을 이야기하지는 않아. 아무리 기업의 펀더멘탈이 좋고 미래가 장밋빛이라도 주가는 외부 변수에 따라 항상 출렁출렁하거든. 그런데 사람들은 꼭 주가가 내렸을 때 팔아서 자기가 손해 봐놓고 나서는 추천한 사람을 원망하지. 잘 찾아 보라고⋯. 좋은 투자 기회는 가까운 데 있을지도 모르니까."

"네 팀장님."

"하지만 서 주임도 이제 투기와 투자를 어느 정도는 구분할 수 있게 된 것 같군."

"제가요? 저 그거 구분 못 하는데요. 지금도⋯."

"내가 생각하는 투자는 어느 투자 대상에 대해 내가 잘 알 수 있고, 나름대로의 가치를 책정할 수 있을 때 투자라고 생각해."

"음⋯. 투기는요?"

"남들이 다 사니까, 알지도 못하는 분야에 가치고 뭐고 남들 따라서 산다면 그것은 바로 투기지. '어느 강남 아파트 한 채 시세가 20억으로 내려왔지만 한강뷰도 있고 인프라도 누리니까 나는 50억의 가치를 매길 수 있어서 매수하겠다.'라고 한다면 이것은 바로 투자가 되는 거야."

"그 강남 아파트가 팀장님 아파트 아니에요?"

"두 개인데 어디를 말하는 거지?"

"헐⋯."

"근데 한 주임하고는 진짜 별일 없었냐?"

"에이 아니라니까요. 하하⋯."

그렇게 박 팀장님과 환영회 같지 않은 환영회를 마친 나는 집으로 들어와, 그동안 배웠던 것을 바탕으로 한참을 궁리했다.

'미래 산업전망이 좋으면서, EPS 증가가 기대되고, 주가가 저평가 되어 있는 회사는 어디일까…. 그러면서도 현재 순자산이나 현금흐름도 튼튼해서 10년 뒤까지 망하지 않을 회사…. 또 지금 경기순환의 저점인지 고점인지…. 메모를 한번 해볼까?'

주식투자 핵심

ㅇ기본 입문 : 회사의 과거 재산과 이익 상태 파악하기
         이를 주식 수로 나누면 각각 BPS, EPS임.
         당장 망하지 않을 회사인지 확인해야 함.

ㅇ경기 순환 : 경제규모는 꾸준히 우상향 해나가지만
         호황과 불황이 있음. 이는 여러 지표 중
         코스피 평균 PBR, 코스피 평균 PER 유용

ㅇ과거보다 중요한 것은 미래의 EPS
         : 증권사 리서치가 2년치 예상 EPS를 제공

ㅇ더욱 중요한 것은 미래에 대한 탐구와 혜안이 필요
         : 산업변동을 선도하거나 최소 따라가는 회사
         산업변동에는 모빌리티 혁명, AI 인공지능, 기후대처 등
         계속 새로운 산업변동 분야를 탐색해 봐야 함.

ㅇ로우리스크, 미디엄리턴 : 하이리턴 추구보다는, 리스크를 적게
         가져가면서 수익률을 늘리는 것이 최고의 투자.
         집요하게 탐구하고 연구하면 실현 가능함.

그리고 마침내 한 회사를 골랐다.

날짜 2023.9.5

자산		부채	
목록	금액(만 원)	목록	금액(만 원)
정기예금	3,060	신용카드 결제 예정	58
SG전자 투자	1,500		
입출금 통장	40		
월세 보증금	1,000		
자산 합계	5,600	부채 합계	58
순자산	5,542		
지난달 순자산	5,321		
지난달 대비 증감	221	▲	

날짜 2023.11.30

자산		부채	
목록	금액(만 원)	목록	금액(만 원)
정기예금	3,080	신용카드 결제 예정	42
SG전자 투자	2,204		
입출금 통장	175		
월세 보증금	1,000		
자산 합계	6,279	부채 합계	42
순자산	6,237		
지난달 순자산	5,742		
지난달 대비 증감	495	▲	

드디어 6레벨 돌파. 연초의 시드머니를 복구하는 데 꼬박 11개월이 걸렸고, 계절은 어느덧 12월···. 2023년의 끝을 달려가고 있었다.

이정석 책임도 이제 징계의 충격에서 완전히 벗어나 일상의 활기를 되찾은 듯했다.

"서 주임 얘기 들었어? 우리 회사가 내년에 파주로 옮겨 간다는 소문 말이야."

"네? 파주요?"

동기들을 통해 확인해 보니 어느 정도 신빙성이 있는 소문이었다. 대전에서 태어나 학교도 직장도 쭉 이곳이 터전이었는데, 갑자기 이사를 가야 한다는 이야기를 들으니 마음이 심란했다.

그리고 12월 어느 밤···. 평화로운 정적을 깨는 주희의 흐느끼는 전화 목소리가 들렸다.

"오빠…. 나 어떡해 흑…. 임신 테스트 두 줄이야 흑흑…."

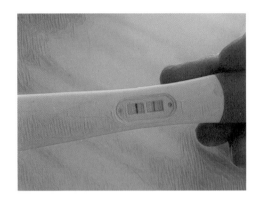

#16 주희의 비밀

주희와 통화를 마치고서는, 그대로 멈춰 아무것도 할 수가 없었다. 할 수 있는 일이라곤 침대에 웅크리고 앉아 멍하니 있는 것뿐이었다. 편하게 눕는 것조차 해서는 안 될 일 같았다.

그렇게 거의 뜬눈으로 밤을 지새운 후 다시 출근을 해야 했다. 나는 경제 인간이니까….

'주희의 얼굴을 어떻게 대하지…. 그나저나 난 어떡해야 하지….'

출근하니 박 팀장님이 이른 아침부터 팀원들을 호출했다.

"자 다들 잠깐 모여 보게. 우리 회사가 이사 간다는 소문은 다 들었나?"

"네…."

"맞아. 내년 7월부로 이사를 간다는 것이고, 경영진에서는 우수 직원의 이탈이 없도록 신경 쓰라는 지침이 있었어. 하지만 여러분은 다 큰 성인이지 않나? 만약 대전에서 더 좋은 회사를 만난다면 만류할 생각은 전혀 없네. 개인의 행복은 개인이 결정하는 거니까."

"근데 정확한 위치가 어딘가요?"

"얘기 못 들었어? 강남구 삼성동."

"예? 파주가 아니고요?"

"허허…. 소문이 반은 맞고 반은 틀리게 돌았나 보구만…."

미팅 종료 후, 사람들은 웅성거렸지만 회사 이전은 머릿속에 들어오지 않았다. 오로지 주희의 일에 신경이 곤두섰고, 업무를 하는 둥 마는 둥 하며 오전 시간이 지나고 있을 무렵…. 주희에게서 메시지가 도착했다.

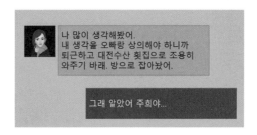

일을 마치고 간 약속장소에서는, 주희가 먼저 자리를 잡고 기다리고 있었다. 주희가 어떤 말을 꺼내 올지 조마조마했다.

"주희…. 먼저 와…. 와있었구나."

"오빠!"

"어…. 어?"

"먼저 내 얘기를 하기 전에 오빠한테 물어보고 싶어. 오빠는 내 임신 소식을 듣고 기분이 어땠어?"

"어? 나? 그, 그게…. 음 우리가 결혼한 사이도 아니고 걱정이 들었는데 부담이 그…."

"흐흑…. 흑."

"어? 주희야 왜 그래….."

"흑…. 난 오빠가 아주 잠시라도 행복하고 기쁜 느낌을 느꼈기를 바랐어. 오빠랑 나를 반반씩 닮을 새로운 생명이 생긴 거잖아…. 난 생명은 소중하다고 생각해. 그것도 우리한테서 나오는 생명이라면 더더욱."

"그…. 그럼…. 나도 기쁜 마음이 들었어. 진짜야!"

"그래? 그럼 답 나왔네."

"다…. 답이 나왔다고?"

"결혼해. 우리."

"뭐? 겨…. 결혼?"

"그래 결혼 말이야. 나 좋아하는 거 아니었어? 혹시 비혼주의자였어?"

"그, 그게…. 아직 난 모아 놓은 돈도 별로 없고, 아직 마음의 준비가 하나도 안 되어 있어…. 주희 너를 많이 좋아하고 비혼주의자도 아니지만, 결혼은 전혀 생각을 해본 적…."

"오빠! 나 미혼모 만들 거야?"

주희의 강경한 태도에, 법률적으로 14주 이내에는 낙태가 가능하다는 얘기는 차마 할 수가 없었다. 그리고 나 스스로도 두려운 마음이 앞섰던 것은 사실이었지만, 주희와의 사이에서 생긴 소중한 생명을 지키고 싶은 마음 또한 컸다.

"주희야. 나도 너와 결혼해서 아이도 낳고, 공원을 셋이 걸으며 소중한 일상을 이어 나가는 행복한 상상을 하고는 해. 하지만 솔직히 말하면 경제적 기반이 너무 없어서 너를 행복하게 해줄 자신은 없어. 그렇지만 최대한 열심히는 살아 볼래. 이런 나라도 괜찮겠니?"

"이보세요, 서영찬 씨…. 난 처음부터 서영찬 씨 재산에는 관심이 없었다고요. 그냥 당당하고 자신감 있는 태도가 멋져 보였어. 그리고 오빠 쪼금 잘생겼잖아. 하하. 지금처럼 계속해 나가면 오빠 성공할 거야. 난 오빠 재산보다 오빠의 가능성에 베팅한 거라고."

"음…. 그 말은 서영찬을 투자 관점에서 볼 때, 현재의 BPS는 그저 그래도, 미래의 EPS를 중요하게 생각한다는 거네?"

"뭐어? 그래 맞다 맞아. 하하."

"고마워 주희야…. 너라는 사람을 알게 되고 같이 함께해서 정말 기뻐. 많이 사랑한다."

"난 오빠가 나를 실망시키지 않는 남편, 우리 몽실이를 실망시키지 않는 아빠가 될 거라고 확신해."

"몽실이?"

"응. 우리 애기 태명이야. 꿈 몽(夢) 실현 실(實) 내가 벌써 지었거든."

"하하. 몽실이 뜻 마음에 든다."

주희의 현명한 생각과 결단력 덕분에, 주희를 만나기 전에 어쩔 줄 몰라 했던 내 마음도 안정될 수 있었다. 여러모로 내가 배울 점이 많은 여자였다. 하지만 여전히 한가지 숙제는 풀리지 않고 있었다. 바로 회사 이전의 문제였다.

"주희야 너도 서울로 회사 이사 간다는 얘기 들었니?"

"응 들었어. 진짜 쇼킹 뉴스야."

"어…. 그것도 보통 서울이 아니라, 강남구 삼성동이라고 하더라고. 거기는 월세도 엄청나게 비쌀 텐데….."

"바보. 회사가 삼성동이라고 꼭 삼성동에서 살아야 하는 건 아니라고요."

"아 그런가…. 하하. 맞네."

"그리고 걱정하지 마. 오빠랑 내가 힘을 합치면 신혼집이라고 못 구할 데는 없을 거야. 설마 서울에서 길거리 생활이야 하겠어?"

그렇게 마음의 위안을 얻은 나는 다시 일상으로 복귀했다. 다만, 최대 난관인 집 문제가 계속 해결이 안 되어 부동산 검색 클릭하는 빈도가 엄청나게 늘어났다.

'여기 빌라 월세는 얼마나 하지…?'

PC 화면을 들여다보고 있는 사이, 뒤에서 뜨거운 시선이 느껴졌다.

"쯧쯧쯧…. 빨리 끝내라는 일은 안 하고 부동산 검색만 하고 있냐? 이러니 맨날 평가가 B잖아."

"앗 팀장님…. 제가 열심히 일하다가 잠시…. 응? 근데요 팀장님. 평가는 팀장님이 매기시는 거 아니에요?"

"짜식…. 예리하기는? 회사도 이사 간대서 뒤숭숭한데, 끝나고 소주나 한잔하자. 다들 외근 나가고 이정석 책임만 사무실 남았으니 셋이서 먹자고. 소주 흐흐."

"옙 알겠습니다."

"보고서 빨리 끝내 이놈아."

그렇게 추운 겨울밤 모인 우리 셋은 몸을 알코올로 서서히 적셔 나갔다.

"팀장님. 그리고 이 책임님. 저 드릴 말씀이 있습니다."

"왜? 서울로 갈 수 없어서 퇴사하겠다고? 굿 초이스! 난 자네 선택을 존중한다고."

"그게 아니고요 팀장님. 저…. 곧 결혼하려고 합니다!"

"오!…. 벌써 한주희 주임하고 사이가 그렇게 깊어진 거야?"

"예에? 한 주임이라고요? 팀장님이 그걸 어떻게 아시죠?"

"하하하하. 자네가 한 주임하고 사귀는 건 자네만 몰라 하하. 안 그러냐 이 책임?"

"예 그렇죠. 서 주임하고 한 주임이 사귀는 건 서 주임하고 한 주임만 모르죠. 하하."

"헐…. 이 책임님…."

"그렇게 티를 팍팍 내고 다니는데 그걸 어떻게 모르냐 인마. 온 동네 회사 사람들이 다 알아 벌써."

"이…. 이 책임님…."

"짜식아. 아무튼 축하한다. 팀장님 축하 건배 한번 하시죠."

"어 그래야지. 축하해 서 주임!"

그렇게 우리는 지난 대야해양건설 부도 때 열심히 해결했던 일, 징계받은 일, 미국 출장 갔던 무용담 등을 나누며, 밤이 점점 깊어갔다.

"근데요 팀장님. 팀장님께서는 회사가 강남으로 이사 간다니 좋으시겠어요. 집도 바로 가깝고 정말 부럽습니다."

"짜식…. 너도 20년씩 돈 벌어 봐. 아직 5년밖에 안 벌어 보고서는."

"삼성동 쪽 빌라 월세를 알아봤는데 상상 초월이에요. 쫌 살만하겠다 하는 공간이면, 최소 기본단위가 보증금 1억에 월세 150만 원이 넘어요. 이 책임님은 쫌 알아보셨어요?"

"난 시흥 쪽을 알아보고 있어. 대략적인 예산 얘기하니까 한 주임이 찍어 주더라고. 월판선이 뚫리면 출퇴근도 편해지고 앞으로 좋아질 거래나? 고맙다고 좀 전해 줘."

"예에? 주희가요?"

"응. 왜? 난 한 주임한테 물어보는 것도 안 되냐? 그 정도는 쫌 봐줘라."

"아니…. 그건 아닌데…. 근데 그걸 왜 한 주임한테 물어보는데요?"

"서 주임…. 인생에서 중요한 집을 결정하는 일인데, 당연히 가까이 있는 공인중개사한테 물어볼 수 있는 거 아니야?"

"네? 공인중개사요? 주희가요?"

"헐…. 너 몰랐냐? 한 주임 입사하기 전에 대학 다니면서 공인중개사 다 땄잖아."

"하하. 이 책임. 서 주임 얘 완전 바보네 바보야. 아하하하."

#17 서울로 가는 길

토요일 아침.

　대전에서 KTX를 타고 한 시간이 넘게 걸려 도착한 곳은 바로 삼성동이었다. 대전에서 보기 어려웠던 마천루와 인파, 꽉 막힌 자동차 도로에 마치 다른 세계에 온 위압감이 느껴졌다.

　주희가 공인중개사라는 이야기를 듣기는 했지만, 아직 실전 경험은 부족할 것이 분명했고, 남편 될 사람으로서 신혼집만큼은 직접 알아보고 준비해야 한다는 책임감이 들었다.

　마침 부동산 사이트에서 보아 놓았던 보증금 8,000만 원에 월세 120만 원짜리 빌라가 한군데 있어서 부동산 문을 두드렸다.

'똑똑'

"계세요?"

"네 들어오세요."

"안녕하세요? 인터넷에서 보고 찾아왔습니다. 여기 보증금 8,000에…."

"아! 거기요? 근데 이걸 어쩌나 집주인이 마음이 바뀌어서…. 월세를 안 받고 전부 전세로 하겠다네요. 월세 없이 전세 3억 2,000만 원. 전·월세 전환율 따져 봐도 싸게 책정된 전세예요."

"네에? 월세 없이 전세가 3억 2,000씩이나요?"

"전세담보대출 받으면 그래도 한 2.4억은 대출 나오니까 자기 돈은 똑같이 8,000만 원밖에 안 드는 거예요. 그런데 주택도시기금 같은 곳에서 대출 받으면 이자가 싸니까 월세 내는 120만 원보다 훨씬 적게 낸다니까? 오히려 손님한테 이득이에요."

"어? 정말 계산상으로 그렇겠는데요? 그, 그럼…. 집 좀 구경할 수 있을까요?"

둘러본 집은 신축 5층 빌라 중 3층이었는데, 크기는 별로 안 컸지만 거실에 방 두 개가 딸려 주희랑 같이 지낼 만큼의 공간은 충분해 보였다. 아기가 태어나더라도 큰 무리는 없는 수준이었다. 그리고 무엇보다 내가 지내고 있던 원룸 오피스텔에 비하면 궁궐 같은 새집이었다.

'내가 지금 모은 게 6,000여만 원이니까 내년 회사 옮기는 7월까지 돈을 조금 더 모은다고 치면 어찌어찌 가능은 할 것 같은데…?'

"이거 인기가 많아서 금방 나갈 거야. 손님도 최대한 빨리 결정해서 알려 줘요."

"아…. 네 네."

부동산 아주머니의 이야기를 들은 나는 조바심이 났다. 그리고 역시 부동산은 발품이라더니 집을 직접 보고 나니까 집 자체가 마음에 들기도 했다.

서둘러 대전으로 다시 발길을 돌렸다. 결혼 준비를 위해 예식장이며, 화보 촬영이며, 저녁에 만날 주희와 이것저것 준비해야 할 게 많았기 때문이다.

“주희야~.”

“어. 오빠. 웨딩 촬영 알아본다고 한 건 잘 됐어?”

“웨딩 촬영은 멋지고 가성비 좋은 데로 벌써 섭외했지. 그나저나 내가 오늘 오전에 뭐 하고 온 줄 알아? 나 서울 갔다 왔어!”

“서울?”

“응 서울. 에헴…. 내가 그래도 가장으로서 살 집도 골라 보고 부인을 책임져야지.”

“부인!? 하하 왠지 벌써 아줌마 다 된 느낌이다. 하하하.”

“여기 사진 봐봐. 새로 지은 집인데 집이 깔끔하고 마음에 들더라. 공간도 우리 지내기에는 나쁘지 않은 수준이야.”

"와…. 오빠. 이거 완전 내 취향 저격인데? 이게 어…. 얼마인데?"

"음…. 3억 2,000. 대출을 2억 4,000까지 저리로 받을 수 있어서, 매월 들어가는 이자 부담도 그리 크지는 않겠더라고?"

"헉…. 서울 주거비는 정말 대전보다 많이 비싸네…. 오빠 고마워. 이렇게 오빠가 발로 뛰어다니는 걸 보니까 나와 몽실이를 위하는 마음이 느껴져서 행복한 기분이 들어."

"헤헤."

"오빠 여기 주소 한번 줘볼래?"

"응? 주소? 그거 모르는데?"

"음…. 한번 부동산에 물어봐 주면 안 될까 오빠? 내가 쫌 보고 싶은 게 있어서 그래."

"어. 어어. 그래."

주희의 요청을 들은 나는 부동산에 전화를 했고, 아주머니는 알려 주기 귀찮다는 말투로 화를 냈지만 사정 끝에 겨우겨우 얻어낼 수 있었다.

"음…. 어디 한번 볼까 오빠?"

주희는 주소를 받고 나서 폰으로 이것저것 검색을 하기 시작했다. 그리고 결과는 이러했다.

삼성동 빌라 종합 보고서
– 작성자 : 한주희

① 주변 시세 확인 결과
– 유사 평형 전세가 3.2억. OK
– 유사 평형 매매가 3.5억. 위험

② 등기부등본 확인 결과
– 집주인 1938년생 남성 85세
– OO인테리어 1억 원 상당 유치권 설정
– OO신탁회사에 신탁 등기됨

"헉…. 주희야 이거 올 초에 뉴스에 나왔던 빌라왕 같은 거 아니야?"

"확실치는 않지만 그래 보여. 나 저 집 정말 마음에 드는데 너무 위험해 보인다. 사실 전세금은 집주인한테 빌려주는 돈과 같은 개념이잖아? 우리 는 집을 빌리고, 집주인은 돈을 빌리고 말이야."

"그렇지."

"그런데 빌려준 그 큰돈을 돌려받는 데 혹시 문제가 생기게 될지 체크해 보는 건 진짜 중요한 것 같아. 조금이라도 미심쩍으면 확인해 보고, 아니 다 싶으면 피하는 게 좋을 것 같애."

"맞아 나도 그렇게 생각해."

나름대로 주희를 위해 고른다고 골랐던 집이 그런 상태라 괜히 머쓱한 마음이 들었다. 하지만 그 집은 하이 리스크 하이 리턴은 커녕, 하이 리스 크 제로 리턴밖에 안 된다는 생각에 동의하지 않을 수 없었다.

"오빠. 이제 우리 결혼하면 경제적인 것도 계획을 수립해야 되니까 우리 서로한테 오픈 하면 어떨까? 음⋯. 예를 들면 오빠와 내가 돈을 합쳐서 얼 마의 예산을 가지고 집을 구할 수 있을지 그것부터가 시작일 것 같아서 말 이야."

들어 보니 맞는 말이었다. 그리고 신혼집을 구하는 데 주희가 조금이라 도 도움을 주겠다니 기쁜 마음이 들었다. 하지만 서로한테 오픈이라는 말 을 들으니 주희가 공인중개사 이야기를 그때까지도 안 하고 있던 것은 조 금 섭섭했다.

"주희야. 서로한테 오픈이라고 한다면, 공인중개사 땄다는 것도 나한테 미리 얘기해 줬더라면 좋았을 것 같아."

"어? 난 당연히 오빠가 회사 사람들한테 얘기 들어서 알고 있는 줄 알았어…. 근데 오빠…. 내가 열두 살 때 3월 3일 날 저녁밥 반찬으로 뭘 먹었는지 알아요?"

"응? 모르지."

"내가 대학교 때 처음 봤던 홍콩영화는?"

"모, 몰라…."

"내 왼쪽 어깨 뒤쪽에 두루미자리 모양의 작은 점들이 나있는 건?"

"아! 그건 알지 지난번에 봤…."

"꺅! 변태!"

"헤헤."

"아무튼 오빠…. 내가 내 이야기를 전부 다 오빠한테 한다는 건 가능하지도 않고, 내가 이야기를 안 했다고 해서 오빠를 속인 건 아니라는 걸 알아주길 바라."

주희의 이야기를 듣고 나니 고개가 끄덕여졌다.

"하지만 오빠. 신혼집을 앞두고 서로의 예산을 오픈 하는 건 또 다른 차원의 중요한 문제라고 생각해. 오빠가 준비할 수 있는 예산이 얼마인지 알려 줄래?"

"응…. 6…. 6,000만 원…. 그래도 내년 여름까지 최대한 모으면 8,000만 원까지 모을 수 있다고 봐!"

"와…. 생각보다 꽤 되네? 좋아. 그럼 내가 지금 1억 3,000만 원이 있거든? 나도 내년 여름까지 최대한 모아서 1억 5,000만 원이라고 치면…. 우리의 예산은 2억 3,000만 원이다, 오빠!"

"헉…. 주, 주희야…. 너 부자였구나."

"에이 부자는 무슨…. 부자 꿈과 기준을 크게 가지세요, 서영찬 씨."

"넵."

"음…. 오빠. 그중에 내 생각에는 이것저것 해서 결혼비용이 꽤 나갈 거야. 가전제품은 홍당무마켓에서 사고, 가구는 그 노르웨이풍 가구를 알아보자. 결혼식도 작은 결혼식으로 최소화하고, 신혼여행도 나 10년 뒤에 멋진 곳에 데려가 주면 돼. 그래도 아쉬우니…. 제주도는 가야겠지?"

"주희야…."

"하하 괜찮아 오빠. 우리는 앞으로 반드시 부자가 될 거기 때문에 가난한 지금 상태에서 신혼여행에 큰돈 쓰면 안 돼."

"어? 지금은 가난하지만 앞으로 부자가 반드시 될 거라고? 어디서 많이 듣던 말인데…."

"돌발상황이 발생할 수도 있으니까, 아무튼 2,000만 원 정도는 빼놓고 2억 1,000만 원으로 집 예산을 잡아 보자. 그래도 난 오빠가 완전 거지는 아니라서 다행이다 하하."

그리고 그다음 주 토요일이 되었다.

KTX를 타고 서울로 올라가는 열차에는 나 혼자만이 아닌 주희가 옆에 있었다. 올라가는 동안 박 팀장님이 했던 이야기가 계속 머리에 맴돌았다.

'자본주의의 가장 중요한 특징은 보이지 않는 손이 아니라 빈익빈 부익부야. 서 주임이 월급 가지고 허덕이는 동안 100억을 가진 사람은 은행에만 넣어 놔도 1년에 2, 3억 원의 현금이 생기지. 똑같이 주식투자로 10%의 수익률을 올려도 그 사람은 10억의 수익을 올리는 거라고.'

예산이 6,000만 원일 때와 2억 원일 때의 이야기는 전혀 다른 이야기였다. 박 팀장님이 했던 얘기를 적용해 보기 좋은 기회였다.

'서 주임. 그래서 기회가 있을 때 자산을 불려 놓는 시도를 할 필요가 있어. 여러 걱정 때문에 자산 불리는 시도조차 하지 않고서는 결국 빈익빈의 빈을 벗어나기 어렵다는 걸 명심해. 참고로 우리나라에 집을 가졌다고 해서 전부 다 부자는 아니지만, 대부분의 부자들은 자기 집을 가지고 있지.'

박 팀장님이 끄적끄적 적어 주신 종이를 손에 꼭 쥐었다.

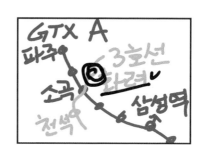

KTX에서 환승해 지하철을 갈아타고 도착한 곳은 서울이 아니라, 경기도 고양시 화려동 아파트 상가에 위치하고 있는 한 부동산이었다.

부동산 너머로 보이는 아파트는 원래 하얀색이었는지 회색이었는지 분간이 안 될 정도로 칙칙했다. 도색된 페인트는 다 부풀어 오르고 칠이 벗겨져 너덜너덜했다. 아이들이 타고 있는 허름한 놀이터의 시소에서는 쇠가 긁히는 끽끽 소리만 나고 있었다.

'아…. 망했다….'

#18 새집 줄게 헌 집 다오

아파트의 허름한 모습을 보고 나니 큰 실망감이 들었다. 하지만 그보다 더 아픈 것은 실망하게 될 주희의 마음이었다.

"주희야 여기 아파트가 인터넷에서 보던 사진하고는 많이 다르네 하하. 우리 다른 데 가볼까?"

"그러게…. 생각보다 좀 낡았다…. 그래도 여기까지 왔는데 한번 들어가는 보자."

'똑똑'

"계세요?"

부동산 문을 열고 들어가니 나이가 지긋하신 남자 사장님과 여자 손님 한 명이 테이블을 사이에 두고 대화 중이었다.

"어서 오세요…. 혹시 박봉균 팀장님 직원분?"

"어? 그걸 어떻게…."

"하하. 박 팀장이 오늘 혹시 어느 커플이 올지 모른다고 잘 안내해 주라고 하더라고. 야무진 여자분과 꺼벙하게 생긴 남자분이 올 거라고 하던데? 하하하. 아 참. 내 정신 좀 봐. 최 교수님. 잠시 차 한잔하고 계세요. 여기 손님들과 상담 좀 할게요."

부동산 사장은 파마머리를 한 중년 여성에게 최 교수님이라고 불렀다.

"호호…. 그러세요."

손님에게 양해를 구한 사장님이 우리와 상담을 시작했다.

"두 분을 딱 보니 둘 다 선남선녀에 찰떡궁합 신혼부부네 하하. 그래
요…. 신부 되실 분은 그래서 이 동네로 정했어요?"

"사실 오빠가 회사 박 팀장님한테 추천받아서 온 곳인데요. 아파트 첫인
상을 솔직하게 말씀드리면 그저 그래요. 시설도 대전 아파트들보다 훨씬
못한 것 같아요. 오빠…. 미안."

"하하…. 아니야 주희야 괜찮아. 나도 솔직히 썩 마음에 안 드는 건 마찬

가지야."

　우리 대화를 가만히 듣고 있던 여자 손님이 갑자기 소리를 내어 웃었다.

　"호호호…."

　살짝 기분이 나빠지려고 했지만, 사장님이 바로 이야기를 이었다.

　"아니…. 신부 될 아가씨는 공인중개사도 땄다고 들었는데…. 근데 여기
가 마음에 안 들어요? 아니 대체 왜?"

　"그냥…. 첫인상부터가요 좀…. 색깔도 너무 칙칙하고…."

　"색깔? 공인중개사 합격점수 기준을 좀 올려야겠구만. 음…. 두 분이 박
팀장 후배 직원들이라니 내가 특별히 설명을 좀 해줄게요. 아 참…. 이거
최 교수님 모셔 놓고 이래도 되나…. 교수님 죄송해요."

"호호호…. 괜찮아요. 계속하세요. 재밌네요, 저도."

여자 손님의 허락을 받은 사장님이 설명을 이어 갔다.

"두 분이 알아야 할 건, 아파트에는 딱 두 가지 종류밖에 없다는 거예요. 그게 뭘까요?"

"두 가지요? 음…. 민간아파트, 공공아파트요?"

"아니지…. 반포자이는 반포 주공3단지를 재건축한 거잖아요? 공공아파트는 언제든 민간 분양 아파트로 변하기도 하고, 반대로 민간아파트를 SH공사가 매입하기도 하니 이는 언제든지 바뀔 수 있지."

"그렇군요…. 잘 모르겠어요. 두 가지가 뭔지….""

"아파트는 딱 두 가지 종류뿐이에요. 기억해요. 오래될수록 돈이 되는 아파트와 오래되면 가치가 떨어지는 아파트의 두 가지."

"네? 어떻게 아파트가 낡고 오래될수록 돈이 될 수가 있죠?"

"그럼 더 이해하기 쉽게, 재건축이 가능한 아파트와 재건축이 불가능한 아파트. 재건축이 가능한 아파트는 오래될수록 돈이 되지만, 재건축이 불가능한 아파트는 오래될수록 가치가 떨어지는 거예요."

이야기를 들은 나는 그래도 잘 이해가 안 됐다. 재건축이 가능한 아파트가 왜 돈이 된다는 건지, 그리고 멀쩡한 아파트를 헐고 다시 짓는 일 또한 자원 낭비라는 생각밖에 안 들었다. 하지만 사장님의 설명은 묘하게 다음 얘기를 궁금하게 만들었다.

"음…. 그럼 재건축이 가능한 아파트는 왜 돈이 되고, 어떤 아파트가 재건축이 가능한 아파트인지 궁금합니다."

"우리 신랑은 아파트를 딱 들어가 산다고 쳤을 때, 어떤 아파트가 좋고 가치 있는 아파트라고 생각해요?"

"음…. 일단 생활공간이 좀 있어야 할 것 같고요. 그리고 해가 잘 들고, 화장실이 두 개면 좋을 것 같아요."

"그래요…. 우리 신부는요?"

"저는 수납공간이 많았으면 좋겠어요. 가능하면 창문 맞통풍이라서 환기가 잘 되고, 벽지, 가구, 장판 등 전체적인 분위기가 화이트 톤이면 좋을 것 같아요."

주희의 대답이 끝나자, 여자 손님이 웃는 소리가 또 들렸다.

"호호호…."

사장님은 웃음소리를 들었는지 못 들었는지 이야기를 계속했다.

"음…. 중요하지. 하지만 두 분의 대답은 아파트의 본질적인 가치와는 사실 큰 관계가 없어요."

"어? 아파트 볼 때 일사량이나, 곰팡이 등 환기 여부, 수납공간들을 잘 살펴보라고 하던데요?"

"노우 노우···. 아파트의 가치는 바로 땅값+건축비+현재 이용가치+기대 이용가치로 정해지는 거예요."

아파트의 가치 =

땅값
+
건축비
+
현재 이용가치
+
기대 이용가치

*이용가치 ≒ 전세가치 (일자리 + 인프라)

*인프라 = 공원, 학교, 상점, 교통 등

"이용가치요?"

"그래요. 이용가치는 바로 일자리+인프라지요. 자. 저기 서울 반포매크로레이크팍 34평이 지금 30억 원이잖아. 이 30억 원 중에 두 분이 말한 부분은 1억도 안 되는 거예요."

"1억도 안 되는 가치라고요?"

"왜 반포매크로레이크팍 한 채가 30억 원이나 하는 줄 알아요? 대략 예를 들면, 땅값 10억 원+건축비 2억 원+이용가치 18억 원. 그 이용가치 18

억 원은 일자리 9억 원+인프라 9억 원이라고 해두죠. 인프라는 집 안의 생활환경이 아니고 근처 학교, 공원, 상점, 교통과 같은 집 바깥, 동네 생활환경을 얘기하는 거예요."

"30억짜리 아파트 건축비가 2억 원밖에 안 돼요?"

"응 평당 500만 원x34평 해봐. 2억도 많이 잡은 거지요. 그 건축비가 2억밖에 안 된다는 것이 재건축을 가능하게 해주는 한 요소가 되는 거지요."

"그렇군요…. 땅값은 뭐 정해져 있는 거니 이해하겠지…. 이용가치는 왜 그렇게 큰 비중이에요?"

"허허…. 신랑은 아파트를 보러 여기 온 이유가 뭐예요?"

"그건 회사 출근이 그나마 좋을 것 같아서요. 여기 화려역에서 한 정거장만 가서 GTX A를 갈아타면 세 정거장만에 삼성역에 도착할 수 있거든요. 뭐 당장은 아니고 미래의 일이긴 하지만요. 그 전까지는 3호선을 이용해야 할 것 같아요."

"그래요. 그건 일자리지요. 일자리가 주변에 있거나 아니면 일자리로 손쉽게 이동이 가능한 곳. 또 앞으로 생길 것을 가정하는 거니까 기대 이용가치이기도 하고. 또 다른 이유도 있나요?"

"음…. 주변에 상가 건물들이 잘 지어져 있고, 뭐 아직 먼일이기는 하지만 학교나 학원도 아이들 다니기가 편해 보였어요."

"오빠 여기 산도 있고 근린공원도 있긴 하더라."

"네 주희 말이 맞아요. 공원도 이용하기 좋아 보였어요."

"그게 바로 인프라예요. 일자리 다음으로 신랑이 아파트를 보러 온 결정적인 원인 중 두 번째지요. 이용가치는 전세 가치와도 비슷해요. 둘이 아까 얘기한 수납공간, 벽지 어쩌고저쩌고는 인테리어 비용 2,000~3,000만 원이면 싹 해결되는 비용일 뿐 큰 요소가 아닙니다."

"아…. 그럼 재건축이 가능한 아파트란 바로…. 이용가치가 높은 아파트인가요? 즉, 일자리와 인프라가 있는? 또는 곧 있을 것으로 기대되는?"

"후후…. 이제야 말이 좀 통하는구만. 그렇지 그런 이용가치가 높은 아파트들은 땅값도 자연히 높게 되지요. 건축비 비중 최소화가 가능하잖아요? 설령 건축비가 조금 들더라도 항상 살고자 하는 대기수요가 있어서 높게 아파트값을 받을 수 있는 곳이라면 재건축을 해볼 만해요."

"아…. 그렇겠군요."

"하지만 이건 필요조건이지 충분조건은 아니에요. 재건축이 가능하려면 또 하나…. 집주인들의 마음이 맞아야 해요. 무려 집주인 75%의 동의가 필요하지요."

"흠…. 집주인들 입장에서도 낡은 아파트가 새 아파트가 되면 좋은 것 아닌가요?"

"낡은 아파트는 인테리어 비용 2,000~3,000만 원이면 싹 해결된다니까…. 집 안이 낡았다고 해서 굳이 재건축을 해야 할 이유는 아닌 거지요."

"그럼 뭐죠?"

"재건축을 했을 때 수지가 맞는 장사냐, 아니면 건축비 비용만 부담되느냐지. 모든 인간은 경제적 사고를 하니까요…."

"호모 이코노미쿠스군요."

"호모 뭐? 아무튼, 예를 들어 1,000세대의 아파트를 재건축했을 때 1,500세대의 아파트로 바뀐다고 하면, 원래 가지고 있던 집 1채는 1.5채로 바뀌는 거죠."

"오 그런 마법이요…?"

"그래서 34평에 살던 사람은 50평짜리 아파트를 배정받을 수도 있고, 50평에 살던 사람은 34평짜리 두 채를 받을 수도 있어요. 아니면 34평에 살던 사람은 34평짜리 똑같이 한 채를 받지만 나머지 차액은 돈으로, 즉 초과이익으로 받을 수도 있는 것이고요."

"그런데 땅은 한정돼 있는데 어떻게 아파트 세대 수가 늘어나죠?"

"올려야지 위로. 그래서 지금 지어져 있는 아파트의 용적률은 몇%인지, 지자체 용적률 제한 조례는 몇%인지를 봐야 하는 거예요."

$$용적률 = \frac{연면적합계}{대지면적}$$

▶용적률 160%

"오 그렇군요. 그러면 정리하자면, 이용가치가 높아서 재건축해도 수요가 예상되고, 용적률에 따라 집주인들이 이익을 보고 마음 일치가 될 수 있는 그런 아파트라면 재건축이 가능하겠군요?"

"맞아요. 참고로 신랑이 보러 온 이 아파트의 용적률은 158%이고, 고양시 제3종 일반주거지역의 용적률은 250%까지 허용이 된답니다."

또 아주머니가 소리 내 웃으셨다.

"호호호…."

"저기…. 죄송합니다만…. 왜 자꾸 웃으시는 거죠?"

"아이고 미안해요. 그냥 젊은 친구들이 부동산에 대해서 아무것도 모르다가 하나씩 배우며 세상을 알아 나가는 걸 보는 흐뭇함이랄까? 뭐 그런 느낌이에요. 자 여기 제 명함 한 장씩 받으세요. 뭐 필요한 일 있으면 연락하세요. 호호호…."

그 최 교수라는 분이 건네 준 명함에는 '고조선대학교 경제학과 최모웅 교수'라고 적혀 있었다.

이를 듣던 주희가 이야기를 했다.

"하지만 재건축을 할만한 상황이 되어도, 제가 공부를 해보니 여러 조건과 절차가 있어서 까다로운 과정이던데요, 사장님?"

"맞아요. 일단 지은 지 30년이 경과되어야 하고, 그다음에 안전진단을 통과해서 이 아파트가 재건축을 할 만큼 안전에 위험성이 있는지 당국의 허가를 받아야 하죠."

"이 아파트는 언뜻 봐서는 낡아 보이기는 하지만 만약에 진단을 해봤더니 튼튼하다면요? 그리고 솔직히 안전진단에 문제가 있어서 재건축을 할 만한 집이라면 살기에 위험한 것 아닐까요?"

"후후…. 그래서 정부정책도 잘 봐야 돼요. 정부가 재건축을 규제하는 정책을 쓰는지, 재건축에 우호적인 정책을 쓰는지를요. 지금은 구조 안전에 심각한 문제가 없더라도 주차공간이 부족하거나 층간소음이 심한 단지, 난방·급수 등 배관이 노후화된 단지 등 생활환경이 나쁜 경우 재건축을 승인해줘요. 재건축이 쉽도록 1기 신도시 특별법이 발효되었거든요."

그렇게 오랜 설명을 듣고 상담을 마친 우리는, 사장님이 소개해 주시는 집 하나를 둘러보았다. 그런데 바깥에서 본 아파트의 낡은 모습과는 다르게 내부는 새 아파트처럼 아주 깔끔했다.

"우리 신랑 신부는 운도 좋아…. 집주인이 3년 전에 싹 인테리어 한 아파트예요 여기는."

대전으로 돌아오는 KTX 안에서 우리는 아파트에 대한 보고서를 작성해 보았다.

화려동 아파트 보고서

– 작성자 : 한주희

ㅇ 전용면적 : 59㎡, 방3 화2

ㅇ 아파트준공연도 : 1994(29년 차)

ㅇ 용적률 : 158%

ㅇ 법적 용적률 한도 : 250%

ㅇ 세대 수 : 805

ㅇ 지하철역 거리 : 250m

ㅇ 출·퇴근 : 도어 투 도어 약 30분

　화려역–소곡역 한 정거장(3호선)

　환승 후 소곡역–삼성역 세 정거장(GTX A)

ㅇ 인프라 : 공원, 상점, 학교, 은행 등 우수

ㅇ 층 위치 : 총 12층 중 1층

ㅇ 매수 가능 가격 : 3.6억 원(1층 급매)

보고서를 보면서 박 팀장님이 해준 얘기가 떠올랐다.

'서 주임. 앞으로 GTX는 수도권 부동산 지도를 바꾸는 트리거가 될 거야. 하지만 GTX 역세권은 그야말로 모두가 선호하는 곳이라 인기도 많고 가격도 이미 아주 높아. 그렇다면 지하철로 한 번만 환승하면 GTX를 이용할 수 있는 곳 중 저평가된 곳이 차선책이네.'

"주희야. 아파트 대출받으면 원리금 상환에 부담은 좀 되겠지만⋯. 우리 이 아파트 한번 사보는 게 어떨까?"

"나도 오빠 생각하고 같아. 삼성동 새 빌라는 마음에서 떠나보내고, 이 헌 아파트로 가자."

"그러면 '새집 줄게 헌 집 다오.'로 노래 가사가 바뀌는데?"

"아휴 이 M세대야!"

"뭐야⋯. 자기도 M세대면서."

"뭐어? 하하."

그렇게 웃고 떠드는 동안, 앞쪽에 언뜻 바라본 KTX 모니터 화면에는 낯익은 사람의 모습이 나오고 있었다.

일생일대의 중요한 집 문제를 목전에 두고 있자니, TV 속에서 부동산 전문가가 말하는 내용에 귀가 기울여졌다.

사회자와 엄마곰의 대담 형식이었다.

"엄마곰 님. 이렇게 저희 프로그램에 모시게 되어 영광입니다."

"호호호…. 뭘요."

"21년까지 아파트값이 크게 오른 이후 22년 한 해 큰 폭으로 떨어졌고, 23년 말인 지금도 이렇다 할만한 상승 현상은 안 보이고 있는데요. 먼저 내년 부동산 전망 어떻게 보시는지요?"

"글쎄요 저도 모르죠. 다만 PIR 지수가 상당히 떨어졌고, 주택매수심리도 점점 올라가는 상태라서 올해와 같은 하락은 없을 것 같다는 생각이 들어요. 제 말을 너무 믿지는 마세요. 호호…"

"PIR 지수와 주택매수심리에 대해 시청자 여러분께 간단히 설명해 주시겠습니까?"

"PIR은 Price Index Ratio라고, 가구 소득을 따져 봤을 때 한 푼도 안 쓰고 모으면 집을 사는 데 몇 년 걸리느냐 하는 것이에요. 기준을 잡기 위해 소득 5분위 중 중간값인 3분위값을 이용하고, 아파트값도 3분위값을 이용합니다."

"아 그렇군요. 그럼 서울의 PIR은 어느 정도 수준인가요?"

"아파트만 따져 보면, 21년 정점일 때 19 수준까지 올랐고요. 지금은 16 정도로 내려왔습니다."

"근데 서울 어느 중위소득 가구가 한 푼도 안 쓰고 16년이나 모아야 아파트를 살 수 있다는 것은 아직도 거품이라는 얘기가 아닐까요?"

"후후…. 1990년대, 2000년대에는 PIR이 훨씬 더 높았는걸요? 그리고 어느 나라든 수도의 아파트는 비쌉니다."

"주택매수심리는 뭐죠?"

"0과 200 사이의 지표인데, 100이면 매수세와 매도세가 비슷하다는 것이고요. 100보다 낮으면 팔자는 사람이 더 많다는 겁니다. 지금은 80 수준이니 아직도 팔자는 사람이 더 많은 상황이죠. 하지만 연초에 60 수준에 비해서는 상당히 올라왔어요."

"그런데 부동산 가격 전망을 단순히 두 지표로만 보기에는 한계가 있지 않을까요?"

"호호…. 당연하죠. 일단 가계 가처분소득이 높아져야 집을 살 여유가 생기겠죠? 당연히 경기가 좋아야 하고요. 또 100% 내 돈으로 집을 사는 사람은 많지 않기 때문에 대출금리 수준도 중요합니다." 전에 어쩔 줄 몰라 했던 내 마음도 안정될 수 있었다. 여러모로 내가 배울 점이 많은 여자였다.

"네 말씀 감사합니다." 지 숙제는 풀리지 않고 있었다. 바로 회사 이전의 문제였다.

"아직 다 안 끝났는데요…. 호호…. 또 아파트 신규공급 물량 추이도 봐야겠죠? 서울은 여전히 신규공급 예정 물량이 적어요. 그리고 또 하나 팁을 드리면, 서울을 예로 들어서 서울과 비슷한 곳의 아파트 가격을 체크해보는 것도 좋습니다. 예를 들면 소득수준과 인구밀집도가 비슷한 도쿄, 상하이, 타이베이와 같은 곳이죠. 서울의 아파트 가격이 상대적으로 싼지 비싼지 알 수 있죠." 보통 서울이 아니라, 강남구 삼성동이라고 하더라고. 거기는 월세도 엄청나게 비쌀 텐데…"

"바보, 회사가 삼성동이라고 꼭 삼성동에서 살아야 하는 건 아니라고요."

"아 그런가… 하하, 맞네."

"그리고 걱정하지 마. 오빠랑 내가 힘을 합치면 신혼집이라고 못 구할

서울 아파트 입주 물량

연도	상반기	하반기	합계
2020	2만 6600	2만 2925	4만 9525
21	1만 8626	1만 4063	3만 2689
22	1만 3766	8326	2만 2092
23	1만 3088	1만 887	2만 3975
24년	9033	2848	1만 1881

(단위: 가구)
※2022~2024년은 예상치
자료 : 부동산R114

"잘 알겠습니다. 하지만 부동산은 심리에도 크게 영향을 받는데요. 앞으로 인구감소 시대, 특히 생산연령 인구감소가 일어나면서 부동산 가격 하락에 대한 우려가 있지 않나요?"

"아무래도 영향을 피할 수는 없겠죠. 저는 이런 질문을 받을 때마다 항상 초밥 이론으로 설명해 드립니다."

"초밥 이론이요? 그 먹는 스시 말인가요?"

"네. 초밥 열 개가 있는데 두 개는 참치 오도로 초밥, 세 개는 도미 초밥, 다섯 개는 유부초밥이라고 해두죠. 그리고 한 사람은 한 개씩 맛볼 수 있죠."

"아…. 아직 식사 전인데 배고픕니다. 하하."

"끝나고 같이 드시러 갈래요? 호호호."

"하하. 아닙니다…. 계속해 주시죠."

"예전에는 초밥은 열 개인데, 먹으려는 사람은 열다섯 명이었어요. 그러니까 유부초밥, 도미 초밥, 참치 오도로 초밥 할 것 없이 전부 다 인기가 있고 가격이 뛴 거죠. 초밥이 모자라니까요."

"지금이 초밥 열 개에, 먹으려는 사람 열 명, 열한 명이라고 한다면, 앞으로는 아홉 명, 여덟 명, 일곱 명으로 점점 줄어들 거예요."

"아…. 그럼 초밥 먹으려는 사람이 다섯 명으로 줄면 초밥 다섯 개가 남겠네요?"

"네 맞습니다. 바로 유부초밥만 다섯 개가 남게 되겠죠. 이 말은 참치 오도로 초밥이나, 도미 초밥은 인구감소에 큰 영향을 안 받는다는 얘기예요. 남아 있는 다섯 명은 여전히 참치와 도미를 고른다는 얘기예요. 즉 지금 사람들 간의 양극화가 점점 심해지듯이, 부동산도 일자리와 인프라 중심으로 양극화가 심해질 겁니다."

"아…. 그게 바로 초밥 이론이군요? 엄마곰 님께서 시청자들이 이해하기 쉽게 설명해 주셔서 감사드립니다. 참고로 저는 유부초밥 좋아합니다."

"호호…. 좋은 말씀 하셨어요. 그런 니치마켓의 수요도 있는 거예요. 그래서 꼭 시골 변두리의 부동산이라고 해서 죽으라는 법은 없는 겁니다."

TV 시청을 마친 우리는 생각에 잠겼다.

'화려동 아파트는 과연 유부초밥일까…. 아니면 도미 초밥까지는 가능한 것일까?'

몇 날 며칠을 고민한 끝에, 주희와 나는 드디어 일생일대의 큰 결심을 하게 되었다. 바로 화려동 아파트를 매수하기로 결심한 것이었다.

일주일 후 토요일. 계약 날이 밝았다.

부동산 사장님께 연락을 드린 후, KTX에 몸을 실었다.

"오빠…. 이거 잘하는 결정이겠지?"

"그럴 거야…. 설령 가격이 내린다고 해도 우리가 마음 편히 살만한 집 하나가 있다는 건 중요한 일인 것 같아."

"그래 오빠. 우리 열심히 갚아 나가 보자."

이윽고 도착한 화려동 부동산.

'똑똑'

"계세요 사장님?"

"아! 어서들 오세요. 여기 매도인분들과 인사 나누시고."

"안녕하십니까…."

사장님이 가리킨 매도인은 의외로 내 또래의 젊은 부부였다. 얘기를 나
누다 보니 직장이 화성시로 옮기게 되는 바람에 부득이하게 집을 팔고 나
가는 상황이라고 했다.

"자 이쪽에 도장 찍으면 돼요. 계약금 3,600만 원은 여기 계좌로 보내
주시고.

그때였다. 출입문의 딸랑거리는 소리가 들리며, 한 여자가 부동산으로
들어왔다.

"어머 손님들 많으시네? 사장님네는 항상 문전성시네요. 호호호…."

들어온 사람은 바로 지난주에 여기서 보았던, 그리고 TV에서 보았던 최모웅 교수, 아니 엄마곰이었다.

"아이고 교수님 오셨어요?"

"호호호…. 사장님 일 먼저 보세요. 저는 여기서 좀 더 기다려도 되니까."

난생처음 해보는 아파트 매수 계약. 도장을 찍기 직전, 그리고 계약금을 송금하기 바로 직전에 엄마곰이 들어온 것은 이 계약 행위가 괜찮은 것인지 아닌지를 재확인해 보기 위한 아주 좋은 기회라는 생각이 들었다. 그래서 용기를 내서 말을 걸었다.

"저…. 저기 엄마곰 님이시죠…? 뵙게 되어 영광입니다."

"호호호…. TV에는 변장하고 나가는데 어떻게 알아봤지? 반가워요 젊은 친구. 지난주에도 여기서 본 것 같은데요."

"네 맞습니다. 엄마곰 님 한 가지만 여쭙겠습니다. 제가 이 화려동 아파트 전용면적 59㎡, 1층을 사려고 하는데 괜찮은 선택일까요?"

"호호호…. 저는 특정 아파트가 좋다 나쁘다 가급적 말하지 않는 편이에요. 또 여기 매도인도 계시니 제가 함부로 말하기는 어렵죠."

"하하…. 힌트라도 좀 주시면 안 되겠습니까…."

"아아…. 오늘은 왠지 도미 초밥이 땡기네요?"

그렇게 나와 주희의 첫 소유 주택, 제1호가 생긴 순간이었다.

그리고 그때부터였을까? 재무상태표를 주희와 내 것을 합쳐 기록하기 시작했다. 단숨에 19레벨이 되었다.

날짜 2023.12.23 (나 + 주희)

자산		부채	
목록	금액(만 원)	목록	금액(만 원)
화려동 아파트	36,000	아파트 잔금	32,400
SG전자 투자	2,092	부동산 취득세	400
주희 현금성 자산	13,000	부동산 복비	180
내 현금성 자산	1,045	인테리어, 가구가전	800
월세 보증금	1,000	예식장, 신혼여행	350
자산 합계	53,137	부채 합계	34,130
순자산	19,007		
지난달 순자산	6,237		
지난달 대비 증감	12,770 ▲		

"호호호…. 첫 집 축하해요."

매도인이 다음 일정이 바쁘다며 자리를 떴고, 부동산 사장님과 엄마곰, 그리고 우리 커플, 네 명이 남게 되었다.

"교수님 점심시간도 다 됐고 배도 출출한데 짜장면 한 그릇 시켜 드실래요? 탕수육이랑? 신랑 신부도 식사나 하고 가지요?"

"호호 좋죠. 네 그릇 시키면 되겠네요."이었다. 그리고 무엇보다 내가 ...
내고 있던 원룸 오피스텔에 비하면 궁궐 같은 새집이었다.

"아 네…. 감사합니다. 그…. 그런데 엄마곰 님께서는 여기 어쩐 일
로?…" 지금 모은 게 6,000여만 원이니까 내년 회사 옮기는 ... 돈을
조금 더 모은다고 치면 어찌어찌 가능은 할 것 같은데…?

"호호호…. 난 부동산 여기저기 다니면서 부동산 시황도 듣고, 사람들
이야기 듣는 것을 좋아해요. 특히 젊은 사람들 얘기를 듣는 것을 좋아하지
요. 미래의 경제 주체들이기 때문에 젊은이들이 어떤 생각을 하는지, 어떤
것을 좋아하는지 그런 것들을 듣는 것을 좋아해요."

"아 네…."

"그리고 오늘 여기 온 결정적인 이유는 화려동 아파트를 서너 채 정도 사
볼까 해서예요. 호호…."

"네에? 여기 아파트를 사신다고요? 그것도 세 채씩이나요? 역시 엄청난
부호시군요."

"호호호…. 세 채 사는 데 얼마 안 들어요."
"아…. 네 네."
"그래도 최소 10억은 넘을 텐데요…. 와…."
부동산 아주머니의 이야기를 들은 나는 조바심이 났다. 그리고 역시 부동
산 "호호…. 오랜만에 젊은 사람들하고 같이 짜장면 먹으면서 얘기하네요.
신랑 신부를 보니까 내 젊은 시절 생각도 나고 그래요. 오늘 기분도 좋은
데 부동산 공부 좀 해볼래요? 짜장면 먹으면서?"를 위해 예식장이며, 화보
촬영이며, 저녁에 만난 주희와 이것저것 준비해야 할 게 많았기 때문이다.

"네!", "네!"

주희와 나는 그렇게 서로 박자를 맞춘 것처럼 합창을 했다. 그리고 놀라운 부동산 투자에 대한 이야기들이 시작되었다.

"웨딩 촬영은 멋지고 가성비 좋은 데로 벌써 섭외했지. 그나저나 내가 오늘 오전에 뭐 하고 온 줄 알아? 나 서울 갔다 왔어!"

"서울?"

"응 서울. 에헴…. 내가 그래도 가장으로서 살 집도 골라 보고 부인을 책임져야지."

"부인!? 하하 왠지 벌써 아줌마 다 된 느낌이다. 하하하."

"여기 사진 봐봐. 새로 지은 집인데 집이 깔끔하고 마음에 들더라. 공간도 우리 지내기에는 나쁘지 않은 수준이야."

#20 분양권 전매기법

"와…. 탕수육이다!"

주희와 나는 공복 상태에서 달콤한 향기가 나는 탕수육을 보고 탄성을 내뱉었다.

"호호호…."

그때 부동산 사장님이 급한 전화가 있는 듯이 말했다.

"아이고 이를 어쩌나? 제가 집 보기로 한 손님이 있어서 다녀와야 하니 드시고 계세요. 제 식사는 알아서 해결하고 올게요."

"호호…. 같이 드시면 좋았는데 아쉽네요.", "네 알겠습니다. 사장님."

아파트 매수 도장을 찍고 나서도 내심 불안했던 나는 엄마곰 님께 다시 한번 확인을 받고 싶었다.

"근데요 엄마곰 님…. 막상 아파트를 사고 나니까 너무 걱정이 돼요. 최근 1~2년간 집값은 계속 하락해 왔고, 지금도 올라갈 기미는 잘 안 보이고, 게다가 인구는 앞으로 줄잖아요."

"호호…. 아파트 가격이 떨어질 걸 생각하는 건, 앞으로 새우깡 가격이 떨어질 걸 생각하는 것과 정확하게 같아요."

"새우깡요?"

"네, 아기들이 덜 태어나니까 과자 소비가 줄어서 새우깡 가격이 내릴 거라고 하는 예상과 같은 맥락이죠. 하지만 2000년대에도, 2010년대에도, 2020년대에도 출생하는 아기들은 계속 줄어들어 왔어요. 반면 새우깡 가격은 출생아가 늘고 줄고에 관계없이 계속 올라 왔습니다. 2000년에 500원, 2010년 800원, 2020년 1,300원, 지금은 얼마죠? 한 1,600원 정도 하죠?"

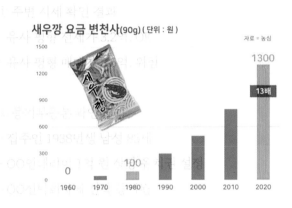

새우깡 요금 변천사(90g) (단위 : 원)

"맞아요! 저 초등학생 때 새우깡 하나 사 먹으려면 500원 주고 사 먹었던 기억이 나요." 주희가 맞장구쳤다.

"호호…. 저는 아파트 가격은 오히려 새우깡보다 훨씬 안전하다고 생각해요."

"새우깡보다 안전요? 음…. 왜죠?"

"새우깡은 안 사 먹어도 그만인 기호품이지만, 집은 사람들에게 반드시 필요한 필수재니까요. 우리가 밥을 안 먹고, 옷을 안 입고 살 수 없듯이, 집은 사람들에게 반드시 필수적인 것들을 제공합니다. 호호…."

"잠을 잘 수 있는 공간 말인가요?"

"네. 옛날 원시시대에도 사람들이 동굴에 모여 살았던 이유는 추위와 무더위를 피하고, 맹수들로부터 보호받기 위함이었잖아요? 지금도 집은 사람들에게 냉·난방을 통해 적절한 온도를 제공해 주고, 강도로부터 지켜주며, 편안한 휴식처와 수면 장소, 그리고 가족의 유대감 형성, 개인의 프라이버시를 제공해 줍니다. 집은 새우깡과 같은 기호품이 아닌 필수재인 것이죠. 호호…."

"그래도…. 사람들은 앞으로 집값이 오르기 힘들다는 인식들이 많은 것 같아요."

"호호…. 그게 바로 불황인 거예요. 주택경기 불황. 그런데 모든 투자는 항상 불황에서 시작했을 때 가장 수익률이 높은 거예요. 쌀 때 사서 비쌀 때 파는 게 바로 시세차익을 얻는 모든 투자의 핵심이죠."

"어? 제 회사 동료 한 분도 그런 얘기를 하셨거든요. 이정석 책임이라고…. 뭐 경기순환 어쩌고 하시더라고요."

"똑똑한 분이 회사에 계셨네요. 호호…. 음…. 하나 예를 들어 보면 식품회사들 있잖아요. 요새는 수출도 많이 하지만, 수출을 빼고 순수하게 한국 판매만 집계를 했을 때도 이익은 계속 늘어나 왔더군요. 왜 그렇다고 생각해요?"

"주희야, 서로한테 ~~~~~~~~~~ 땄다는 것도 나한테
미리 얘기해 줬더라면 ~~~~~~~~

"어? 난 당연히 오~~~~~~~~~~~~~ 알고 있는 줄 알았
어~. 근데 오빠~. ~~~~~~~~~~ 밥 반찬으로 뭘 먹었
는지 알아요?"

"응? 모르지."

"음…. 뭔가 원재료의 고급화 전략 같은 걸까요?"

"호호…. 물론 그런 이유도 있을 수 있겠죠. 하지만 제가 보는 가장 큰
원인 중 하나는 바로 물가가 올랐기 때문이에요. 과자 한 봉지를 똑같이
팔아도 옛날에는 한 봉지 500원에 이익 10% 남으면 영업이익이 50원이
지만, 지금은 한 봉지 1,600원에 팔아서 10% 남으면 영업이익이 160원이
되는 것이죠. 즉 재무제표상으로는 이익이 꾸준히 증가한 것으로 보이지
만, 실제로는 그것이 아니라 자연 증가분일 수도 있다는 얘기예요."

"오…. 그렇겠군요."

"이 얘기는 반대로 말하면 회사가 꼭 성장을 하지 않고 자연 증가만 유지
를 해도, 영업이익은 꾸준히 증가하고 주가는 꾸준히 오른다는 얘기예요.
주식투자를 장기적으로 할수록 실패가 줄어드는 이유죠."

"음…. 그럼 그것이 아파트에도 적용될 수 있다는 얘긴가요?"

"맞아요. 자본주의가 정상적으로 작동한다면 기간의 부침은 있을지언정 물가는 계속 오른다는 것을 얘기한 거죠. 호호…. 사람들의 월급도 다 오르고, 가처분소득도 점점 많아지고, 새우깡 가격도 오르는데 아파트 가격만 내려간다는 것은 오히려 이상하지 않나요? 그것도 도미 초밥 아파트라면요?"

"엄마곰 님 이야기를 듣고 보니, 다른 가격들이 다 오른다면 아파트값만 혼자서 떨어질 수는 없을 것 같아요."

"만약에 아파트값이 계속 내려갈 것이라고 주장하는 분이 계신다면, 그분은 다른 가격들도 앞으로 계속 내려간다고 얘기해야 맞아요. 월급도, 새우깡도, 짜장면값도 말이죠. 기본적으로 자본주의의 힘을 과소평가하거나, 자본주의 시스템에 대한 불신이 팽배한 분일 수 있어요."

"하하. 말씀을 들으니 제가 산 아파트도 조금 안심이 되네요."

"만약 지금 5,000만 원 정도인 그랜저 자동차 가격이 10년 뒤에 1억으로 오른다면, 지금 3.6억 주고 사신 화려동 아파트도 10년 뒤 같은 3.6억은 아닐 거예요. 사람들은 아주 가끔 타는 자동차와 최소 하루의 3분의 1 이상을 생활하는 집을 사이에 두고 가격을 저울질해 보겠죠? 앞으로 예전 같은 급등세는 설령 잘 없을지 몰라도, 물가가 오르는 비율만큼은 아파트값도 오르는 것이 정상적인 현상이니까 너무 겁먹지는 마세요. 호호…."

"근데요 엄마곰 님. 오늘 부동산 투자 공부 좀 시켜 주신다고 하지 않으셨어요?"

"맞아요!" 옆에 있던 주희도 맞장구를 쳤다.

"모든 투자는 오른다는 전제가 있어야 실행도 가능한데, 지금 우리 신랑 신부는 오른다는 전제 자체가 지금까지 봐서는 별로 없어 보여서요. 그러면 투자를 이야기해 봤자 아무 의미가 없겠죠? 그래서 긍정적인 시각을 심어 드리는 데 많은 에너지를 쏟았네요. 호호⋯."

"이제 많이 이해하게 됐어요. 결국 아파트값이 계속 올라왔던 것처럼 보일지 모르지만 사실은 물가가 올라 왔던 것일 수도 있다는 말씀이잖아요? 그리고 아파트값이 오른 것이든 물가가 오른 것이든, 어쨌든 아파트 가격에 붙는 숫자는 늘어 왔다는 사실이고요."

"바로 그거예요! 호호호⋯. 우리 제도에서 가장 아쉬운 부분 중의 하나는, 부동산이든 주식이든 양도소득세를 매길 때 장기보유에 대한 공제가 거의 유명무실하다는 것이에요. 물가상승 현상을 부정하는 반시장적인 제도죠. 예를 들어 압구정 현대아파트를 40년 전에 1억 원을 주고 샀는데 지금 40억 원이라면, 39억을 번 건가요? 아니면 그냥 물가가 40배 오른 걸까요? 만약 39억을 번 것으로 여겨서 양도소득세 45%인 18억을 세금으로 떼간다면 억울할 것 같다는 생각 들지 않아요?"

"어⋯. 그건 저 같아도 조금 억울할 것 같다는 생각이 드는데요?"

"장기보유 공제가 지금보다 훨씬 더 강화돼야 하고, 장기보유 공제는 주식 양도소득세에도 마찬가지로 적용되어야 한다고 생각해요. 그게 시장경제의 자연스러운 물가상승을 반영하는 합리적인 과세거든요. 호호호⋯."

"하하. 알겠어요. 엄마곰 님 빨리 부동산 공부 좀 시켜 주세요!"

"저는 아파트 투자를 한마디로 이렇게 정의 내립니다."

"기대됩니다. 엄마곰 님. 흐흐."

"아파트 투자는 부자를 향해 내딛는 첫걸음이다."

"첫걸음요?", "첫걸음요?" 주희와 나는 서로를 쳐다보며 말했다. "그럼 저희도 첫걸음을…."

"그래요. 집은 사람들이 반드시 필요로 하는 필수재이기 때문에 적어도 물가상승률만큼은 오른다는 것 외에도, 자본주의에서 살아남기 위한 가장 효율적인 투자 수단이에요."

"가장 효율적이라고요? 무슨 말인지 잘 이해가…."

"자 그럼 우리 신부 되실 분은 자본주의에서 가장 효율적으로 투자하는 방법은 뭐가 있다고 생각해요?"

"좋은 투자처를 찾는 것이요. 다른 상품 대비해서 더 오를 수 있는 상품을 찾는 거라고 생각해요." 주희가 대답했다.

"그렇죠. 그것도 당연히 좋은 방법이기는 해요. 하지만 이렇게 말하고 싶네요. 자본주의의 핵심 현상은 빈익빈 부익부라는 말을 들어 봤죠? 우리가 1억을 은행에 넣어 1년 뒤 2~300만 원의 이자를 받는 동안, 어느 부자가 100억을 넣어 놓으면 1년 뒤에 늘어나는 이자는 2~3억이 되죠. 가장 효과적인 투자 방법은 바로 투입 투자자본의 양을 최대화시키는 겁니다."

"음…. 그건 당연하긴 하지만…. 기본적으로 젊은 사람들은 투자 시드머니가 부족해요…."

"그렇죠···. 그래서 그 부족한 시드머니를 뻥튀기시켜 주는 게 바로 부동산 투자예요."

"부동산이요?"

"부동산은 바로 최고의 레버리지* 투자 수단입니다. 한마디로 부의 추월차선에 올라탈 수 있는 방법이에요."

(*Leverage: 레버리지, 자산 투자로부터의 수익 증대를 위해 차입자본(부채)을 끌어다가 자산 매입에 나서는 투자 전략을 총칭하는 말. 영국과 호주에서는 기어링(Gearing)이라고 한다.)

"레버리지 투자라는 용어 들어 본 것 같아요."

"가장 대표적인 예로 분양권 투자가 있어요. 예를 들어 5억짜리 아파트의 분양권을 취득하면, 아파트가 완공되기 전까지 나의 실투자자금은 계약금 10%인 5,000만 원뿐이에요. 60%인 3억 원은 중도금 대출이 일어나고, 30%인 1억 5,000만 원은 완공돼서 입주할 때 지급을 하면 되니까, 완공되기 전까지 필요한 내 돈은 5,000만 원뿐인 거예요."

"그럼 5,000만 원으로 5억 원짜리 상품을 투자할 수 있다는 말인가요?"

"그렇죠. 무려 자기자본의 열 배를 투자할 수 있는 것이 바로 분양권 투자입니다."

"하지만 그렇게 되면 자기자본 비율이 10%밖에 안 되는데 위험하지 않을까요?"

"물론이죠. 통상적인 아파트 투자라면 시간이 오래 지나면 물가상승률만큼은 오를 거라는 기대가 있기 때문에 안전하지만, 이 분양권 투자는 기간도 2년 정도로 짧고, 레버리지 비율이 높기 때문에 위험성을 가지고 있어요. 그래서 이 위험성을 줄이기 위해 필요한 것은 투자 대상에 대한 끊임없는 탐구와 노력입니다."

엄마곰 님의 이야기를 듣자니, 언젠가 박 팀장님이 Low Risk, Medium Return을 설명하시면서 금광에 대한 투자를 예로 드셨던 생각이 났다. 그때도 끊임없는 탐구와 노력이 Risk를 줄여줄 수 있다는 같은 이야기를 하셨다.

"그래서 분양권 투자를 실행하기 전에는 반드시 투자 대상에 대한 철저한 분석과 미래 혜안이 필요해요. 그리고 분양권 투자의 본래 목적은 레버리지를 극대화시키는 것이기 때문에, 보통 완공되기 전에 내 돈이 더 투입되기 전 타인에게 전매하는 것을 목표로 두죠. 이른바 '분양권 전매'입니다. 분양권 전매는 투자 기간이 2년 정도로 짧기 때문에 2년 뒤 경기가 호황이 올 것인지도 예측을 해봐야 돼요."

"그러니까 내 돈은 5,000만 원만 투자했지만 실제로는 5억의 상품에 대해 투자를 한 것이고, 만약 이 5억의 가격이 2년 뒤쯤 6억으로 올랐다고 하면 1억을 벌게 되는 거네요? 즉, 내가 투자한 5,000만 원의 두 배…. 수익률이 무려 200%네요!"

"4억으로 떨어지면 1억 날리는 거예요. 호호…. 하지만, 탐구와 노력 끝에 확신이 섰다면 실행해야 합니다. 실행하지 않고서는 결코 부자의 뒤꿈치조차 쫓아갈 수 없어요."

"무슨 말씀인지 이해가 됐어요. 하지만 분양권 취득은 쉽지 않은 것 같아요. 신혼특공도 당첨 경쟁도 치열할 뿐만 아니라 소득조건 제한도 있고요. 일반 분양은 정말 인기 있는 것들은 하늘의 별 따기인 것 같아요."

"네 맞아요. 또 지역에 따라서는 분양권 전매 자체를 금지하는 곳도 있기 때문에, 쉽지 않은 게 사실이죠. 따라서 이렇게 무주택 신혼부부는 분양권 투자가 아니라, 분양권을 얻어서 그 집에서 거주하는 것을 목표로 해야겠죠?"

"좋은 투자 방법이기는 하지만 기회 자체가 적다면 의미가 떨어지지 않을까요?"

"하지만 부동산 불황일 때는 의외로 분양권을 취득할 수 있는 기회들이 종종 생겨요. 예비당첨자에 드는 것을 목표로 해서 기회를 노린다든지, 무순위 추첨에 들어간다든지 하는 방법으로 말이죠."

"오…."

"하나 예를 들자면 2018년도에 파주 운정신도시에서 전용 84㎡ 기준 아파트를 4억 원 정도에 분양했는데, 일부 평형대가 미달이 나면서 집어넣은 사람은 다 당첨이 됐어요. 그 아파트는 분양 3년 후 한때 9억을 넘었죠."

"와⋯. 파주 아파트가 9억씩이나 갔었다고요?"

"지금은 7억 수준으로 내려오긴 했지만 무척 성공스러운 투자가 된 것이죠. GTX A 운정역의 가치를 그때는 사람들이 잘 못 알아본 것이죠. 그 당첨된 사람 중의 하나가 접니다. 호호호."

"와⋯. 대박. 늦었지만 축하드려요 엄마곰 님"

"물론 아파트 외에도 오피스텔, 생활형 숙박시설 같은 것들은 청약통장이 없이도 분양권을 취득하기 쉬워요. 하지만 이런 상품들은 전매 차익이 크지 않거나 오히려 투자 당시보다 가격이 내려가는 경우도 많아서 잘 따져 봐야 돼요. 오히려 아파트 분양권 전매가 가능한 곳이라면, 분양 완료 이후 초기에 프리미엄이 조금만 붙어 있을 때 다른 사람의 분양권을 사는 것도 방법입니다."

"분양권 투자는 잘만 성공하면 내 실제 투자금보다 열 배 상품을 투자할 수 있는 기가 막힌 투자인 거네요?"

"주식 담보대출은 상환 기간도 짧고, 금리도 높은 데다가 레버리지도 기껏해야 1.5배 정도밖에 안 되죠. 반면에 분양권 투자는 저금리로, 10배의 레버리지를 일으켜, 2년의 기간 동안 투자할 수 있는 방법입니다."

"와 완전히 저한테는 새로운 세계네요? 다른 부동산 투자 방법도 있나요?"

"그럼 있고 말고요. 우리 신랑님~ 이제 탕수육은 다 먹었으니까 쫌 쉬었다가 커피 한잔하면서 계속할까요? 호호호⋯."

"오빠 커피 향 너무 좋아!"

"주희야 커피나무 열매가 체리랑 비슷하게 생긴 것 알아? 체리의 씨앗은 버려지지만, 커피나무 열매의 씨앗은 가공이 돼서 사람들에게 인정받는다는 게 신기해."

"호호호…. 빌라왕도 그렇네요."

"네? 빌라왕요?"

"똑같이 전세를 끼고 하는 부동산 투자인데, 어떤 사람은 인정을 못 받아서 전세 사기가 되고, 어떤 사람은 갭투자라고 합법적으로 인정을 받았잖아요?"

"그러게요…. 빌라왕은 어떤 부분이 사기로 몰린 거죠?"

"전세 계약은 약속이잖아요? 2년간 집을 빌리겠다, 집을 깨끗이 쓰겠다, 집을 빌리는 대가로 보증금을 준다, 보증금은 2년 뒤 돌려준다, 등등의 약속이요. 호호."

"맞아요 엄마곰 님."

"빌라왕이 2년 뒤 전세 보증금을 돌려줄 의사나 능력이 없었음에도, 세입자와 계약서를 체결하고 보증금을 받았다는 것은 세입자를 속인 것이라고 본 것이죠. 호호⋯."

"어? 2년 뒤 전세 보증금을 돌려줄 의사나 능력이 없었다는 걸 어떻게 입증하죠? 빌라왕이 전세 보증금을 정상적으로 돌려주었던 사례를 예로 들면서, 돌려줄 의사와 능력이 있었지만 상황 때문에 피치 못 하게 됐다는 식으로 변명하면요?"

"호호⋯. 신랑이 날카롭네요. 그것을 입증하는 것이 쉽지는 않겠지만 입증해 내야 하는 것이 검·경의 임무죠. 어쨌건 전세를 끼고 하는 부동산 투자에서, 사기와 정상적인 투자의 차이는 종이 한 장 차이예요. 계약을 최대한 지키려고 했지만 상황이 어쩔 수 없었던 것인가, 계약을 처음부터 지키지 않을 의도였나를 가려내야겠죠."

"말씀을 듣고 보니 화가 나네요. 처벌할 법리가 속 시원히 적용이 안 돼서요."

"호호호⋯. 아까 점심 먹으면서 분양권 전매는 투자금의 열 배의 레버리지를 일으킬 수 있는 투자라고 했잖아요?"

"네 엄마곰 님!"

"호호…. 빌라 전세 갭투자에 불법적인 행위를 안 했다면, 백 배 레버리지를 일으키는 것도 가능한 투자입니다."

"헉…."

"하지만 빌라 전세 갭투자는 레버리지를 극대화할 수는 있어도, 치명적인 단점들이 많아요."

"단점요?"

"제가 가장 크게 보는 단점은요. 기본적으로 투자라는 것은 오를 상품에 투자하는 것인데, 매매가가 전세가하고 큰 차이가 없다는 것은 앞으로 매매가가 오를 여지가 별로 없다는 얘기예요. 전셋값은 현재 이용가치잖아요. 반면 매매가는 미래의 가치가 더해진 가격이고요. 한마디로 이러한 집들은 미래 가치가 없거나 오히려 마이너스라는 이야기죠."

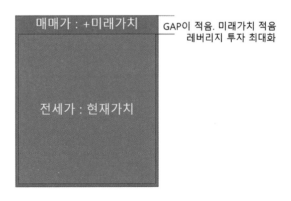

"오를 가능성이 떨어지는데 왜 투자를 하죠? 차라리 다른 곳에 하는 것이 낫지 않나요?"

"이런 투자는 집 가격이 다른 상품보다 더 많이 오를 것이라고 기대하는 투자가 아니고, 그저 물가상승 정도만…. 자연 증가분만큼만 올라 주는 것을 목표로 하는 투자예요. 왜냐하면 레버리지 비율이 어마어마하기 때문에 조금만 가격이 올라도 수익률이 높아지거든요."

"아…. 그러니까 만약 레버리지가 백 배라면 내 투자금이 200만 원일 때 2억의 상품에 투자하게 되는 것이고, 만약 그 2억 집이 물가상승률만큼 3%가 오르면 2억 600만 원이 되니 600만 원을 벌게 되는 거군요. 실제 투입한 자기자본 200만 원을 따져 본다면 이익이 무려 300%네요!"

"물론 이것은 각종 비용과 세금은 고려 안 한 이론적인 얘기예요. 호호…."

"말씀을 들어 보니 계산상으로는 맞는데 뭔가 찝찝해요."

"당연하죠. 이건 하이 리턴에 대한 이야기일 뿐이니까요! 하이 리턴에는 반드시 하이 리스크가 그림자처럼 따라오게 돼있다는 것. 그게 뭔지는 우리 신랑님도 잘 알잖아요? 호호…."

"네…. 리스크도 크고…. 이런 식의 투자는 제 스타일은 아닌 것 같아요 엄마곰 님. 레버리지가 적더라도 좀 더 안정적으로 할 수 있는 투자는 없나요?"

"호호…. 그러면 빌라 전세 갭투자와 반대되는 투자를 하면 됩니다."

"그것과 반대되는 투자가 있어요?"

"네. 빌라 전세 갭투자는 매매가와 전세가가 차이가 없는 거잖아요? 반면에 전세가는 아주 낮은데 매매가는 높아서 자기자본을 많이 들여야 하는 투자가 있습니다."

"오…. 그건 뭐예요?"

"그게 바로 재건축, 재개발에 대한 투자죠."

"매매가와 전세가의 차이가 큰가요?"

"보통 재건축과 재개발을 하려는 명분이 열악한 주거 환경을 개선하는 것이잖아요? 그렇기 때문에 열악한 주거 환경이라면 전세가가 높을 수 없죠."

"전세가가 낮은 건 이해되네요. 매매가가 높은 이유는요?"

"재건축을 쉽게 예를 들자면, 오래된 1층 단독주택에 살고 있는데, 너무 낡아서 이를 허물고 집을 새로 짓고 싶은 거예요. 하지만 건축비가 들기 때문에 건축비를 충당하기 위해서 기존처럼 1층이 아니라 3층으로 올려 짓고, 2층, 3층 집은 타인에게 판매하는 개념이라고 보면 돼요. 건축비를 충당하고도 오히려 돈이 더 남겠죠? 그러니까 다 쓰러져 가는 낡은 단독주택이라도 비싸게 가치가 매겨지는 거예요."

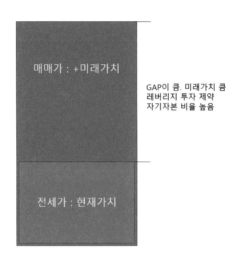

매매가 : +미래가치

GAP이 큼. 미래가치 큼
레버리지 투자 제약
자기자본 비율 높음

전세가 : 현재가치

"아…. 이해됐어요. 그러니까 낡은 단독주택이지만 땅값이 비싸고, 새로 지으면 살려는 수요가 있고, 또 용적률을 높게 올릴 수 있다면 그 단독주택은 비싸겠군요?"

"호호…. 바로 그거예요. 보통 이렇게 매매가와 전세가의 갭이 큰 경우는 미래 가치가 크다는 얘기고, 매매가가 앞으로 오를 가능성이 높다는 얘기죠. 하지만 이것도 장점만 있는 것은 아니에요."

"어떤 단점들이 있을까요?"

"가장 큰 단점은 불확실성과 시간의 장기화죠. 여의도 아파트들은 지은 지 50년 지나서 이제 막 재건축 진도 나가고 있는데, 여의도 아파트들과 은마아파트 재건축된다는 얘기는 20년 전에도 있었어요."

"재건축 이야기가 나오고 20년이 지난 거네요?"

"물론 20년간 또 아파트값이 많이 올랐으니까 이익이기는 하지만, 재건축 아파트만 바라보고 그곳에 들어가 살았다면 시간이 너무 오래 걸리고 있는 것이죠. 삶의 질이 저하되는 거예요. 따라서 사는 곳은 별도로 있는 상태에서 재건축 아파트에 투자하는걸 추천해 드려요."

"그렇겠군요…."

"또 재개발도 마찬가지예요. 이 동네는 재개발이 될 것 같다는 느낌만으로 무조건 투자를 할 수는 없는 것이고요. 보통 기본계획 수립, 구역 지정, 조합설립 인가, 사업시행 인가 등의 절차를 보면서 투자 시점을 저울질하거든요?"

"네 엄마곰 님."

"초기 단계 불확실성이 클수록 집값은 싸고 먹을 건 많아요. 반면에 절차가 진행되면서 불확실성은 줄어들고 반면에 집값은 비싸져서 먹을 건 줄어들죠. 하지만 불확실성이 줄어들면 시간을 단축시킬 수 있기 때문에 어느 쪽을 선택할지는 투자자의 몫입니다."

"빌라 전세 갭투자는 제 취향이 아니고, 재건축·재개발 투자는 제게는 아직 이른 것 같아요 흐흐. 엄마곰 님 또 다른 방법은 없을까요?"

"또 다른 방법이라기보다, 부동산 투자라는 것은 기본적으로 어느 지역에 인프라가 모이고 발달하면서 땅값이 올라가는 현상에 투자하는 것이거든요? 기본적으로 발전 가능성이 있는 지역에 투자하는 것입니다. 그 안에서 분양권 전매, 빌라 갭투자, 재건축, 재개발하는 것들은 투자의 종류이고 기법일 뿐이지 본질적인 투자 핵심은 아니에요."

"발전 가능성이 있는 지역에 투자한다라…."

"도시는 재생 순환이 됩니다. 아무것도 없던 곳에 신도시가 생기기도 하고, 과거 탄광 도시였지만 몰락하기도 하는 것이죠. 서울도 낡은 곳은 새롭게 지어지고요. 새로운 공원과 지하철역이 들어서기도 하죠."

"음…. 그러면 새로운 지역에 인프라가 모이고 발달해서 좋아지는 걸 예측해야 하겠네요?"

"인프라의 대표적인 게 뭐죠?"

"철도요?"

"그렇죠. 철도와 지하철의 미래 노선도를 항상 머릿속에 외우고 다니세요. 특히 고속화가 예정되어 있는 GTX는 부동산 지도를 크게 바꿔 줄 겁니다."

그렇게, 엄마곰 님과의 대화는 점심 내내 끝도 없이 이어졌다.

마음 같아서는 엄마곰 님을 더 붙잡고, 아파트 말고도 토지, 상가, 건물 등 투자에 대해서도 여쭤보고 싶었지만, 다음 일정이 있는 분을 무작정 잡고 있는 것도 결례였다.

그날 2023년 12월 23일 토요일은 나와 주희에게는 첫 집을 계약한 역사적인 순간이자, 부동산에 대한 많은 것들을 배울 수 있는 뜻깊은 날이었다.

어디 지금까지 들은 내용을 한번 메모해 볼까?

부동산 투자 노트

○ 부동산 투자라는 것은 기본적으로 땅값의 가치 상승에 대한 투자. 땅값이 가장 많이 오를 지역에 투자하는 개념. 땅값의 가치 상승은 일자리와 인프라가 일으킴

○ 인프라의 대표적인 것은 철도와 지하철임. 특히 GTX와 같은 고속화 지하철 가치 중요해짐. 꼭 GTX역이 아니더라도, 지하철로 환승해 GTX 이용이 손쉽다면 차선 투자처임.

○ 아파트는 낡았다고 해서 가치가 꼭 떨어지는 것은 아님. 용적률을 따져보고 거주 수요가 있고 재건축을 통해 조합원들이 이익을 볼 수 있다면 새 아파트로 다시 태어날 수 있음. 반면에, 재건축이 요원한 아파트들도 있음.

○ 분양권 투자는 자기자본의 10배를 투자할 수 있는 방법임.

○ 빌라 갭투자는 레버리지를 더 키울 수 있지만 위험 요소가 많음

○ 재건축, 재개발은 오를 가능성이 높지만 불확실성과 시간의 리스크를 주의해야 함

○ 토지 투자의 기본은 개발해서 되파는 것, 개발 가능성 따져야 함

○ 상가 투자의 기본은 수익형 월세 타겟. 상가 투자는 경영학.

1월부터 다사다난했던 나의 서른두 살은 그렇게 저물어 가고 있었다. 하지만 서른한 살 때까지는 전혀 모르던 사람들을 새로 만났고, 원래 알던 사람들의 새로운 모습을 재발견했으며, 전혀 들어 보지도 못했던 이야기들을 새롭게 들을 수 있었던 한 해였다. 그리고 무엇보다 서른한 살까지는 없었던 나의 새로운 생명이 주희에게 잉태되었다.

나의 서른두 살은 내가 경제인간으로 탈바꿈할 수 있었던 터닝 포인트의 시기였다. 그리고 해가 마침내 바뀌었다.

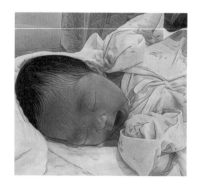

날짜 2024.6.30 (가계 재무상태표)

자산		부채	
목록	금액(만 원)	목록	금액(만 원)
화려동 아파트	37,200	주택 담보대출	17,000
SG전자 투자	2,510		
주희 현금성 자산	150		
내 현금성 자산	150		
자산 합계	40,010	부채 합계	17,000
순자산	23,010	부채비율	74%
지난달 순자산	22,592		
지난달 대비 증감	418	▲	

그리고 다시 6년 후 2030년….

회의실 가는 복도에서 나를 다급히 부르는 소리에 뒤를 돌아봤다.

"서영찬 팀장님!"

[주희의 일기장]

2030년 1월 2일 수요일 날씨 맑음.

드디어 2030년 하고도 하루가 지났다. 왠지 2030년 하면 뭔가 미래의 세상이 다가올 것 같았지만, 사람들은 여전히 회사를 다니고 아이를 돌보며 자동차를 타고 스마트폰을 이용하고 있다.

다만 바뀐 것은 택시의 기사가 사라져 버렸고, 앱을 통해 차를 호출하면 스스로 오고, 스스로 운전을 한다는 것이었다. 또 SG전자가 출시한 새로운 안경은 화면을 활성화시키면 애플리케이션이나 동영상이 안경 화면 속에 나타나고, 눈동자의 움직임에 따라 마우스 포인터처럼 이동해서 눈을 두 번 깜빡이면 클릭이 되는 신기한 장치였다.

결혼 후 6년 반, 그리고 진주가 태어난 지 6년여…. 나에게도 많은 변화가 있었다.

우선 진주다. 가임여성 한 명당 출생 아기가 0.7로 떨어진 우리나라에서 나는 한 명의 아이를 낳아 기르고 있으니 평균보다 0.3명만큼 더 나라에 공헌하고 있는 것이다. 하지만 여전히 육아 현실은 녹록지 않았다. 나와 남편은 육아휴직 찬스를 번갈아 쓰고, 어린이집과 양가 부모님들의 도움을 얻어 가며 진주를 어렵게 길러 냈다. 그래도 내년이면 벌써 초등학교에 입학할 나이가 되니 감개무량하다.

화려동 아파트는 재건축을 통해 새 아파트로 탈바꿈되었다. 사람들이 좋아하는 새 아파트로 변모하면서 가격이 많이 올랐고, GTX A 노선의 개통은 가격 상승에 날개를 달아 주었다. 화려역에서 삼성역까지 소요되는 시간은 채 20여 분밖에 걸리지 않았다. 거기에 재건축 초과이익금까지 받을 수 있었던 것은 덤이었다.

그리고 남편과 내 월급이 들어오는 대로 족족, 악착같이 주택담보대출을 갚아 나갔다. 남편의 표현을 빌자면 90레벨을 돌파했다고 한다. 주택을 제외하고 2억 원이 되는 여유 자금을 어떻게 효과적으로 투자하는 것이 좋을지 행복한 상상을 하고 있다.

날짜 2029.12.31 (가계 재무상태표)

자산		부채	
목록	금액(만 원)	목록	금액(만 원)
화려동 아파트	69,500	주택 담보대출	0
재건축 초과이익금	8,100		
한주희 퇴직금	5,600		
SG전자 투자	4,255		
현금성 자산	2,660		
자산 합계	90,115	부채 합계	0
순자산	90,115	부채비율	0%
전년도 순자산	68,550		
전년 대비 증감	21,565	▲	

하지만 나의 최대 고민은 육아와 연결된 나 자신의 커리어였다. 진주를 학교 돌봄 교실이나 방과 후 교실에 맡긴다고 해도 한

계가 있을 것이고, 또 진주가 엄마 아빠에게서 떨어져 지내는 시간이 많다 보면 정서적으로도 좋지 않을 것 같았다. 그리고 점점 연로해저 가시는 부모님께 손을 빌리는 깃도 죄송스럽고, 지속 가능한 방법이 아니었다.

그런데 1년 전쯤이었나? 평소 가깝게 지내던 엄마곰, 최모웅 교수님이 프랜차이즈 형 부동산 법인인 '엄마곰 부동산'을 설립 하셨다.

최 교수님은 엄마곰 부동산 화려동 대리점을 운영해 보지 않겠느냐는 제안을 해오셨고, 나는 남편과 고민 끝에 퇴사를 결심 하고 엄마곰 부동산 화려점의 사장이 되었다. 직장인일 때와 같은 고정적인 수입은 없지만 가끔씩 거래를 성사시키면 그래도 먹고살 만큼은 돈이 벌린다.

나는 진정한 양성평등은 여성이 더 많은 권리를 가져야 함은 물론 더 많은 의무도 함께 지는 것이라고 생각한다.

2023년 즈음에 나왔던 기사 하나가 생각난다. 우리나라 여성 임금이 남성의 69%에 불과해서 OECD 회원국 중 최저치라는 기사였다. 현대 자본주의 사회에서 돈은 곧 권력인 만큼, 여성의 임금이 남성들에 비해 현저히 적다는 것은 여성들에 대한 경제적 차별이 만연되어 있다는 것을 보여 주는 단적인 예시였다.

하지만 우리나라 여성들 스스로의 일부 인식에도 적지 않은 문제가 있었다고 생각한다. 대표적인 것은 가정에서 돈을 벌어야 한다는 의무감을 일부 여성들이 갖지 않았던 문제라고 생각한다. 즉, 돈을 버는 것은 남자의 의무이지 여자는 그럴 필요가 없다는 인식이었다.

하지만 여성이 경제적 의무감을 가지게 되면, 남성들도 여성에게 경제적 의무를 일부 나눠 주며, 혼자서 돈을 벌어야 한다는 압박감에서 조금은 해방되어 좋은 것이었다. 또한 여성들이 경제적 의무를 가질 때, 권리를 더 주장하는 것도 자연스러운 일이 되는 것이었다.

그래서 나는 비록 회사를 나왔지만, 우리 가정의 경제적 의무는 남편 혼자서가 아니라 같이 짐을 져야 하는 일이라고 생각하고 있다. 회사를 다니던 때만큼 열심히 엄마곰 부동산을 키워서 가정 경제에 일조할 것이다. 그리고 그만큼 나의 권리를 남편에게 요구할 것이다.

이런 나의 기특한 마음을 남편은 조금이라도 알까?

오늘의 일기 마침.

"주희야 진주 엄마~ 이거 당신 일기장 아니야? 여기 떨어져 있네?"

"꺄약! 뭐야 봤어 내 일기?"

"에이···. 보긴 뭘 봐···. 그냥 주워 주는 거지 헤헤."

"응? 무슨 얘기 중이에요 아빠?"

"아무것도 아니야 진주야 하하. 근데 진주야. 아빠가 진주 이름을 진짜 엄마 같은 훌륭한 사람이 되라고, 진짜 주희! 진주라고 지은 거거든?"

"알아 나두! 지난번에 엄마가 얘기해 줬어요."

"그래…. 진주야…. 아빠는 엄마가 아주 훌륭하고 기특한 마음씨를 가지고 있다는 것을 아주 잘 알고 있단다."

"꺄악!"

"하하…. 당신 7년 전에도 일부러 일기 흘린 것 아니야?"

"헐…. 아니거든요!"

"아이고 늦었네! 오늘 회의가 있어서 빨리 서둘러야겠다. 사랑해 주희야. 사랑해 진주야~."

"나도 아빠 사랑해요. 히히."

"그래 이따 저녁때 보자~."

"잘 다녀와 오빠."

"아 참! 주희야 오늘 엄마곰 님하고 강화도에 땅 보러 간댔지? 그쪽은 자기 전문이니까 잘 보고 와. 차 조심하고…."

"오빠 나 운전 안 하잖아! 요새 차는 스스로 간다고요. 하하."

#23 드론의 역습

2024년 주희와 결혼을 하고 진주가 태어난 뒤로 6년이 넘는 시간이 지 났다.

나에게도 몇 가지 변화가 찾아왔는데, 우선 나이가 39세가 되었다. 특별 히 나이가 든 느낌이 드는 것은 아니었지만, 확실한 것은 젊은 청년의 느 낌은 온데간데없이 사라져 버렸다는 것이었다.

그리고, 육아휴직 기간 동안 대학원을 다니며 전공을 살려 천체물리학 석사 학위를 취득했다. 엄밀하게 따지면 육아휴직의 취지에 어긋나는 활 동이었지만, 인간의 역할이 점점 축소되어 가는 세상에서, 직원들의 자기 계발을 장려하는 것이 요즘 회사의 트렌드였다.

그리고 와후피셀에서 10년 근속 후, 와후스페이스로 계열사 내 전보 조치되었다.

와후피셀은 과거에는 태양전지 제조, 판매라는 새로운 분야의 사업으로 평가받았지만, 업체들 간의 경쟁이 점점 치열해지면서 수익성이 악화되었고, 큰 캐시카우*가 되지 못하고 있는 상태였다.

(*Cash cow: 캐시카우, 현재 돈을 많이 벌고 있는 사업분야)

와후그룹은 새로운 성장동력을 찾고 있었고, 원래 방위산업 제품을 담당하던 와후디펜스를 모태로 여러 다른 사업들을 덧붙여 와후스페이스라는 새 회사를 출범시켰다. 계열사 내의 많은 직원들을 새 회사인 스페이스로 전환 배치하였다.

스페이스는 기존 사업이었던 방위산업용 전투기, 전차, 미사일, 렌즈류의 사업을 지속하면서, 새로운 사업으로는 특히 3차원 모빌리티에 주력하고자 했다.

보편화된 자동차 자율주행 시스템이 도로 평면에서의 2차원 모빌리티라면, 와후스페이스가 추구하는 3차원 모빌리티는 도로 평면의 2차원을 뛰어넘는 배송용 드론, UAM*, 우주 탐사와 같은 3차원적인 공간 모빌리티였다.

(*UAM: Urban Air Mobility, 도심 항공 교통)

하지만, 우주 탐사의 경우 선진국의 선도 기업들과 비교해서 기술 경쟁력이 열세였다. 또, 보다 현실적으로는 와후스페이스가 막대한 초기 투자금이 들어가는 우주 개발비와 탐사 비용을 펑펑 써도 아깝지 않을 만큼의 충분한 자기자본을 축적하지는 못하고 있는 상태였다.

UAM의 경우에는 무거운 사람을 태워 수십, 수백㎞의 거리를 안전하게 비행하려면 여러 조건들이 필요했지만, 아직 모터 출력이나, 배터리 에너지 밀집도, 경량화 소재, 안전성들이 조금씩 기준에 못 미치는 상태였다.

따라서 우선적인 진행 사업으로 드론 개발과 제조에 집중했고, 나 역시도 드론 중량화 연구팀 멤버를 거쳐, 팀장을 맡게 되었다.

그날은 한가지 골치 아픈 문제가 생겨 관계부서들이 모여 회의를 가지게 되었다.

회의실 가는 복도에서 나를 다급히 부르는 소리에 뒤를 돌아봤다.

"서영찬 팀장님!"

"어…. 최 주임 왜?"

"아까 보고서 만들어 드린 것 중에 내용이 잘못된 부분이 있어서요. 여기 이 수정본으로 보십시오. 팀장님."

"아 그래. 고마워 최 주임."

최다니엘 주임은 한국인 아버지와 필리핀인 어머니 사이에서 태어난 2002년생 스물여덟 살이었다. 이른바 Z세대였다.

생명공학을 전공했다고 하는데, 나와는 다르게 영어에 무척 능통했으며, 인공지능 캐드 프로그램 등 IT 기기를 다루는 기술도 나와는 비교할 수 없을 정도로 뛰어났다. 자기가 만든 보고서에 오류가 있음을 깨닫고 자기 일처럼 적극적으로 나에게 알려 주었던 태도 역시 기특하게 느껴졌다.

회의실에 들어가니 관계부서 임원들과 직원들이 모여 있었다. 회의를 주재한 구조전략팀장이 화두를 던졌다.

"음…. 그러니까 드론 배송 초창기 때만 해도 사람들이 환호했죠. 신기해하기도 했고요. 옛날 같으면 하루나 이틀 걸릴 배송인데 드론을 통하면 두세 시간 만에 물건을 받으니까요. 하지만 드론 사업이 성장기에 접어들면서 예상치 못한 문제점들이 발생하고 있습니다."

사람들이 웅성거렸다.
"그때 그 사건 때문인가…."
"사람들이 잘만 이용하는데 무슨 얘기지?"

구조전략팀장이 프레젠테이션 다음 페이지를 넘기며 말을 이었다.

"우선 이 사진을 보십시오. 도시 하늘을 뒤덮은 드론 떼입니다. 마치 까마귀 무리 같죠?"

구조전략팀장이 보여준 사진에는 까마귀 무리 같은 드론들이 도시의 하늘을 빽빽이 점령하고 있었다.

"환경단체들은 드론들로 인해 까마귀, 까치는 물론, 여러 철새들에 이르기까지 생태계가 교란되고 있다고 주장합니다. 또 많아진 드론들끼리 충돌해서 적재물과 함께 추락하는 사례도 속출하고 있고요. 무엇보다 파란 하늘의 경치를 돌려달라는 민원들이 급증하고 있습니다."

얘기를 듣고 궁금해졌다.

"음…. 구조전략팀장님. 저희 아파트만 해도 세대수가 많다 보니 주변에 날아다니는 드론이 너무 많긴 하더라고요. 그래서 오늘은 해결책을 모색하기 위한 자리인가요? 이 문제와 구조전략팀이 무슨 연관이 있는지도 잘 이해가 안 갑니다."

"해결책이라기보다는…. 대응책을 모색해 보고자 합니다. 저희 믿을 만한 소식통에 의하면 정부가 이를 위해 몇 가지 방안을 준비하고 있고, 곧 시행할 예정이라고 합니다."

"그게 뭐죠?"

"첫째, 드론 배송 소비자 쿼터제 실시. 1인당 월 4회로 제한.
둘째, 드론세 도입. 드론 배송 1건당 소비자 5,000원 세금 납부.
셋째, 5kg 이상 중량물 드론 배송 금지."

"이…. 이건? 뭐죠? 사실상 드론 배송 산업을 말살시키기 위한 건데요?"

"지금 정부는 지지율을 끌어올리기 위해 조그마한 여론에도 민감한 편입니다. 최근 여론조사로는 드론 배송 규제에 찬성하는 비율이 69%로 높은 상황입니다. 언제나 정부는 정당성, 당위성, 경제성을 떠나 표의 논리로 접근하죠."

"그러면 이미 정부에서 다 정해 놓고 하는 건데, 대응책이라는 게 나올 수 있는 상황인가요?"

"사실은…. 내부 검토 및 외부 자문 결과, 드론 사업은 빠르게 포화상태로 접어들 것으로 예상되고, 정부의 규제까지 겹쳐 더 이상 회사의 성장 전략과 맞지 않는다는 판단이 들었습니다. 오늘 회의의 주제는 드론 사업의 소프트랜딩, 즉 점진적 철수입니다."

"팀장님 반대합니다! 드론 사업 중량화를 꾸준히 진전시키면, 이게 곧 사람이 타는 UAM으로 발전하는 겁니다. 이제 연구 성과가 나오고 있는데 사업 철수라니요!"

반대에도 소용이 없었다. 구조전략팀장은 사실상 드론 사업에 관련된 팀장들을 모아놓고 일방적인 사업 철수 통보를 해온 것이었다. 회의가 끝나자 가장 높은 직급이었던 경영전략본부장도 만족한 얼굴로 회의 자리를 떠났다.

회사의 계획은 앞으로 1개월 이내에 드론 사업에 관련된 연구, 판매, 생산, 서비스 조직을 모두 철수하고, 관련 직원들은 필요가 있을 경우 다른 부서 혹은 계열사로 이동시키며, 필요가 없는 남는 인원은 해고하겠다는 방침이었다.

이는 경영전략본부장이나 사장의 권한을 넘어선 오너 측의, 즉 회장실의 결정이라는 추측이 들었다. 경영전략본부장과 그 아래의 구조전략팀장은 그저 오너의 뜻에 따라 충실한 역할을 하는 것뿐이라는 생각이었다.

이는 8명 우리 팀 연구 직원들에게도 당장 직결된 문제였다. 그나마 그들은 젊기 때문에 어디를 가더라도 다른 곳에서 찾는 수요가 있었겠지만, 정작 문제는 나였다. 최신기술에서 뒤처져 있고, 머리가 점점 굳어져 가는 마흔 살 가까운 직원을 받아 주는 곳은 그렇게 많을 리가 없었다.

그렇게 2030년의 세계는 기술의 변화도 굉장히 빨랐고, 그에 따른 채용도 해고도 아주 자연스럽게 이루어졌다. 마치 개인이 하나의 상품처럼 되어서, 필요가 있으면 필요로 하는 회사로 쉽게 이동해서 프리랜서 방식으로 일하는 제도와 문화가 정착되었다.

최신기술에 익숙하고 젊고 유능한 사람들은 보수를 더 높이 주는 회사로 자주 옮기면서 몸값을 높여 갔지만, 그것은 소수였고 대부분의 사람들은 고용불안에 시달려야 했다. 사회가 정체되어 있던 옛 시기에는 과거의 지식과 경험은 존경받고 배울 대상이었지만, 사회가 급변하는 세상에서 과거의 지식과 경험은 그다지 쓸모없는 존재가 되어 버렸다.

대표적인 예가 일본의 장인정신이 과거에는 고도 정밀 제조업에 기반한 경제성장의 원동력이었지만, 사회가 급변하는 시대에서는 오히려 변화를 발목 잡는 한물간 장애물이 될 뿐이었다. 일본의 침체는 초고령화도 문제였지만 사회의 변화에 유연하지 못한 문화도 한 원인이었다는 것은 부정하기 어려웠다.

한국은 이미 1인당 국민소득이 일본을 추월했지만, AI의 고도화와 로봇의 비약적인 발전은 한국인들의 육체노동은 물론 지식노동의 일자리까지도 점점 빠르게 대체해 나갔다. 한국의 큰 사회문제로 급부상하고 있었으며, 정치권에서는 일하지 못하는 사람들을 고려한 기본소득 논쟁에 다시 불이 지펴지고 있었다.

참석했던 회의를 통해서 많은 생각들이 스쳐 갔다.
'인간이 할 수 있는 일들이 없어진다면 어떡하지…. 결국 노동소득은 한계가 오게 되어 있어. 인간의 역할이 줄어들기 전에 자본소득이나 사업소득을 창출하는 시스템을 빨리 만들어야 할 텐데….'

회의를 마치고 자리로 돌아오니 무거운 마음이 들었다. 직원들에게도 이야기를 전달해 줘야 했다.

"자…. 다들 여기로 잠시 모여 보게."

"네 서 팀장님."
직원들이 하나둘씩 속속 모여들었다.

"음…. 무슨 말부터 먼저 하면 좋을지 모르겠네…. 최근 드론 배송 사업
에 반대들이 많은 모양이야…."
이야기를 시작한 나는 무거운 마음으로 오전의 회의 내용, 정부의 정책,
그리고 회사의 결정을 하나둘씩 설명해 나갔다.

"그래서 한 달 이내로 드론 사업본부를 해체하기로 했고, 직원들은 다른
부서나 다른 계열사로 최대한 배치한다고 하는군…. 하지만 수요에 한계
가 있어서 다 배치되지는 못하고 회사를 떠나야 하는 직원들도 생기는 모
양이야…. 이런 말을 전해 주게 돼서 면목이 없네…. 미안하네."

이렇게 얘기하고는, 이야기를 가만히 듣고 있던 직원들을 쳐다봤다. 그
런데 생각 외로 당황하는 기색 없이 담담한 표정들이었다. 그리고 최 주임

이 이야기를 꺼냈다.

"그렇군요 팀장님? 근데 왜 이렇게 풀이 죽어 계세요 하하. 듣는 저희가 괜히 죄송스러워지잖아요."

"응? 이 얘기 듣고 괜찮은 거야?"

"팀장님…. 저는 와후스페이스가 벌써 네 번째 회사예요 하하. 아마 여기 있는 팀원들 대부분이 여러 번 옮긴 끝에 와후스페이스로 왔을걸요?"

"맞습니다 팀장님." 다른 팀원들이 화답했다.

"저는 와후스페이스에서 일하는 게 좋아서 살짝 아쉽긴 하지만 뭐 제가 필요하지 않다면 어쩔 수 없죠. 저도 저를 필요로 하지 않는 회사에서 더 일하고 싶은 생각은 없습니다. 하지만 당장 떠날 생각은 없고, 한 달 후 회사에서 어떤 제안을 하는지 보고 결정하겠습니다."

최 주임의 이야기를 듣고 나니 내 세대와는 다른 당당함이 느껴졌다. 출생률 하락의 시대에서 태어나 최신기술들을 접하고 자란 세대는 마치 유럽 축구 구단의 뛰어난 프로 선수들처럼 자신을 필요로 하는 곳을 골라 가며, 원하는 역할에 따라 원하는 팀에서 뛸 준비가 되어 있었다. 부러웠다.

"그래. 자네들은 뛰어난 인재들이니 어디를 가든 잘해 낼 수 있을 거야. 일단 한 달 동안 잘해 주기 바라고, 회사 제안이 오기 전에 먼저 이직 희망하는 친구들이 있다면 머뭇거리지 말고 얘기해 주게."

"네 알겠습니다. 서 팀장님."

유종의 미를 잘 거두어 달라고 말하기는 했지만 일이 도저히 손에 잡히지 않았다. 회사가 드론 사업을 접는다면 드론 중량화 연구 자체가 필요 없는 일이기 때문이었다.

"저기 최 주임…. 오늘 기분도 좀 그런데 저녁이나 같이 먹고 갈래?"

"음…. 팀장님? 제가 조금 피곤하군요. 업무적으로 중요한 연관이 없다면 오늘은 사양하겠습니다. 제가 공과 사는 확실하거든요. 대신 드론 중량화 연구하던 것은 내일도 계속할 겁니다. 이건 제 스스로에게 도전이기도 하고, 많이 공부가 되거든요. 오늘 말고 다음에 제가 한번 저녁 오퍼 드리겠습니다."

"아…. 그, 그래…. 알았네. 하하 고마워 최 주임."

그렇게 최 주임한테 거절을 당하고 뻘쭘해 하고 있던 찰나 경영전략본부장으로부터 메시지가 도착했다.

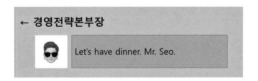

← **경영전략본부장**

Let's have dinner. Mr. Seo.

'응 웬일이시지? 서…. 설마. 해고 얘기를 직접 하시려고 그러나?'

궁금한 마음으로 저녁 자리로 향했다. 도착한 장소에는 다른 사람 배석 없이 경영전략본부장만이 나와 계셨다.

"어. 서영찬이 왔냐?"

"본부장님…. 근데 갑자기 왜 영어로 메시지를 보내셨어요?"

"내가 글로벌시대에 영어로 보내겠다는데 왜 따지냐? 서영찬이 반성문 쓰고 싶구나? 글로 벌설래?"

"아 썰렁해요 박봉균 전무님! 하하."

#24 시세차익과 수익형 사이

오랜만에 저녁 식사를 함께하게 된 박봉균 전무님은 예전의 유쾌함을 그대로 가지고 계셨다. 물론 재미없는 아재 개그만 빼면 말이다.

"아이고⋯. 나이만 먹어 가지고 옛날 유머는 잘 안 통하네. 하하."

"박 전무님이 올해 몇 세시죠?"

"쉰하나. 오십이면 지천명이라는데 나는 아직도 하늘의 뜻이 뭔지 모르겠더라고? 음⋯. 오늘 보자고 한 건 말이야⋯. 소주 마시려고 부른 거지 오랜만에! 하하하."

"그놈의 소주 크⋯. 술 좀 줄이시라니까요⋯. 요새 힘드시겠어요. 회장님 쪽에서 드론사업부 구조조정 압박이 심하죠? 경영전략본부장으로서 악역을 맡으시느라⋯."

"이봐 서 팀장. 뭔가 착각을 하는 것 같은데? 회장님이 얼마나 바쁜 사람인 줄 알아? 계열사 본부 하나 구조조정하는 일까지 일일이 관심 둘 시간이 없는 분이 회장님이셔."

"그럼 구조조정이 회장님 뜻이 아니라는 건가요? 그럼 대체 누가⋯."

"누구긴 누구겠어? 경영전략본부장인 내가 기획해서 사장님과 상의해서 진행하는 거지. 회장님은 보고 받으시고 문제없으면 오케이 하시는 거고."

박 전무님의 얘기를 들은 순간 망치로 머리를 한대 얻어맞은 기분이 들었다. 뭔지 정의하기는 어려웠지만 당황함, 서운함, 화남 같은 감정들이 한꺼번에 밀려왔다.

"아니 전무님…. 어떻게 그러실 수가 있죠? 여기 드론사업부 직원이 150명이 넘어요! 아니 반대 여론이 조금 있다고 해서 그렇게 갑자기 사업 철수를 하는 건…."

"그럼, 드론사업부 부실로 회사 적자가 눈덩이처럼 커져서, 나머지 사업부들 존립도 위태로워지면 서 팀장이 책임질 건가?"

"너무하시네요…. 그래서 저 위로해 주시려고 부른 겁니까?"

"위로? 무슨 소리지? 난 소주가 땡겨서 자넬 부른 거라니까? 하하하."

'싸이코 박봉균…. 예나 지금이나 똑같군….'
"죄송합니다만…. 저는 소주 마실 기분이 전혀 안 나네요. 결례인 줄 알지만 먼저 일어서겠습니다."

"개가 짖어….."

"네? 뭐라고요? 저보고 지금 개가 짖는다고 하셨습니까?"

"Barking Dog. 짖는 개, 해가 저무는 사업을 의미하는 용어지."

"네에?"

"모든 사업이 성장, 성숙, 쇠퇴 단계를 거치는 게 사람의 일생과 비슷하
지 않아? 영원히 존재할 것만 같던 TV 산업도 지금은 벌써 쇠퇴기에 접어
들었잖아? 반짝 뜨고 쇠퇴하던 찜닭집, 마라탕집만 그런 게 아니라 거대
산업 역시도 긴 세월을 보자면 생애주기와 같은 싸이클이 있는 거야."

"그럼 드론 배송 사업이 Barking Dog이라는 얘긴가요? 이제 막 산업이 생기기 시작한 지도 얼마 안 됐다고요."

"드론 배송은 빨리 뜨고 빨리 지는, 한마디로 생애주기가 빠른 사업인 거지. 경쟁도 심하고 말이야. Barking Dog 포함해서 사업의 성장 단계를 크게 세 가지로 뭐라고 불러?"

"Rising Star, Cash Cow, Barking Dog 말씀인가요?"

*Rising Star : 현재 못벌지만 앞으로 가능성 있는 사업
Cash Cow : 현재 돈을 많이 벌어들이는 사업
*Barking dog : 과거에 벌었지만 점점 쇠퇴하는 사업

"그래. 회사에서 경영전략본부장 위치에 있는 사람이 할 일 중 가장 중요한 일은 Cash Cow가 벌어온 돈을 Rising Star에 투자하고, Barking Dog은 과감히 정리하는 거야. 만약 자네가 경영전략본부장이라면 어떻게 했을까? 내 생각엔 자네도 똑같이 행동했을 텐데?"

"저는 그렇게 박 전무님처럼 몰인정한 놈은 못됩니다. 150명 넘는 직원들 앞날이 걸린 일인데….."

"후후…. 자네는 근데 자네가 투자하고 있던 SG전자가 스마트폰 사업 철수하고, 자동차 부품 사업에 집중한다고 하니까 왜 그렇게 좋아했지? 이런 걸 말이야. 옛날 말로 내로남불이라고 하는 거야 내로남불."

"그, 그건…. 본부장님…. 저는 어떻게 되는 건가요? 저희 팀원들은요?"

"그야 구조전략팀장 중심으로 실무진에서 가장 합리적인 방안을 고민하고 있겠지. 나도 자네가 한 달 뒤에 짤릴지 말지 어떻게 될지 몰라 하하하."

"…."

"서 팀장. 오늘 술 한잔하는 김에 내가 재미난 얘기를 해줄 테니 너무 풀 죽어 있지 말라고."

"저 어떤 얘기도 귀에 안 들어옵니다."

"자. Rising Star, Cash Cow, Barking Dog은 회사에서도 찾아볼 수 있지만, 사실상 모든 경제 분야에서 다 적용되는 거야. 부동산도 마찬가지고."

"오…. 부동산도요? 아 참! 귀에 들어오면 안 되는데…."

"우리나라 통신회사들 있잖아? 사람들이 필수적으로 스마트폰을 쓰니까 돈을 엄청 잘 벌어. 과점이기도 하고 말이야. 또 이 사업은 생애주기도 길지. 사람들이 스마트폰을 앞으로도 오랫동안 쓸 것 같거든?"

"우리랑은 다르게 좋은 회사네요."

"이런 회사들은 바로 Cash Cow 사업을 들고 있는 거야. Cash Cow가 있으니 이익도 아주 많이 생길 것이고, 주주들 배낭금은 어떻겠어?"

"배당금도 많을 것 같은데요?"

"그래. 보통은 은행이자보다도 높게 나오지. 이런 회사에 투자하는 것을 바로 수익형 투자라고 해."

"흠…. 은행 예금보다 수익성이 좋겠네요."

"후후…. 하지만 수익형 투자는 커다란 단점이 있지."

"단점요?"

"미래 성장성이 떨어지는 경우가 많아. 한마디로 Rising Star가 없는 거지. 그래서 주가가 잘 오르지 않고, 실제로 우리나라 통신회사들 주가는 10년 전이나 20년 전이나 거의 비슷하다고."

"어? 투자라는 것은 좋은 놈을 쌀 때 사서 기다렸다가, 비쌀 때 팔아먹는 시세차익 추구 개념 아니에요? 통신회사에 20년 투자했으면 그냥 도돌이표인 거잖아요."

"하지만 100만 원 투자해서 20년 동안 매년 5%씩 배당금을 받아 왔다면? 20년 동안 받은 이자 합계만 100만 원이 되는 거지. 그 받은 이자를 쓰지 않고 다시 재투자해서 굴렸다면 복리로 160만 원 정도 될 거고."

"오···. 계산 빠르시네요?"

"5만 원 곱하기 20년이 100만 원인 건 서영찬은 계산 못 해도 초등학생들은 금방 풀지. 아무튼, 투자한 100만 원의 주가가 20년 뒤 똑같이 100만 원으로 같아도, 받은 배당금을 고려한다면 20년 뒤에는 단리로 200만 원, 복리로는 260만 원이 된 것과 같다고 봐야 돼."

Unit 만원	투자원금	1년	2년	3년	4년	5년	6년	7년	8년	9년	10년	11년	12년	13년	14년	15년	16년	17년	18년	19년	20년
단리 5%	100	105	110	115	120	125	130	135	140	145	150	155	160	165	170	175	180	185	190	195	200
복리 5%	100	105	110	116	122	128	134	141	148	155	163	171	180	189	198	208	218	229	241	253	265

"아 그렇겠군요. 하지만 20년이라는 시간 동안 다섯 배씩 열 배씩 오른 종목도 있는데 효율성이 낮아 보이는데요? 물가도 두 배 이상은 올랐고, 아파트값도 그렇고요."

"후후···. 20년 전에 잘나갔다가 지금은 망한 회사들은 생각 안 하냐?"

"그럼 일반적인 시세차익형 투자하고, 수익형 투자하고···. 투자 방법이 다른가요?"

"수익형 투자라고 해서 안 좋은 놈을 비싸게 사라는 이야기는 아니야.

당연히 좋은 놈을 싸게 사야 하는 게 당연한 것이고, 다만 어디에 더 중점을 두느냐의 차이지. 예를 들어, 지속적으로 보유하면서 정기적으로 들어오는 높은 배당금에 포인트를 둔다면 그것이 수익형 투자가 되는 거야. 싸게 사서 비싸지면 파는 것에 포인트를 둔다면 일반적인 투자, 즉 시세차익형 투자."

"음…."

"보통 수익형 투자를 노리는 사람은 회사가 현재 돈을 잘 벌고 있느냐, 즉 Cash Cow를 더 중요하게 생각하고, 일반적인 시세차익형 투자자들은 회사의 Rising Star를 더 중요하게 평가하지."

"두 가지는 개념이 완전히 달라 보이는데요?"

"꼭 그렇지는 않아. 높은 배당금을 노리고 수익형 투자 목적으로 매수를 했어도, 주가가 비싸지면 팔아서 차익을 실현하고 다른 회사로 갈아타게 되니까. 내려도 손절하고 싶은 심리가 생기는 거고."

"그럼 반대로 시세차익을 목적으로 투자를 했어도 수익형 투자로 바뀔 수도 있나요?"

"당연하지. 예를 들어 어떤 회사를 주가 만원에 배당금 100원일 때 투자했는데, 그 회사가 엄청나게 성장해서 주가 20만 원에 배당금이 5,000원까지 올랐다고 쳐봐. 내 투자한 돈은 만원인데 1년 배당금만 5,000원이 된 거야. 물론 팔아서 시세차익을 실현할 수도 있지만, 굳이 팔지 않고 계속 배당금을 가져갈 수도 있지."

"이게 가장 좋네요? 쌀 때 샀는데 주가도 비싸지고 덩달아 배당금도 많아지는…."

"그렇지. 그래서 투자하기 가장 좋은 기업은 현재 돈을 펑펑 잘 버는 Cash Cow가 있는데 그 사업이 앞으로도 지속적으로 오래갈 수 있는 기업. 그러면서도 Rising Star까지 함께 가지고 있는 기업. 이런 기업이 주가가 싸기까지 하다면, 두 마리 토끼를 모두 노릴 수 최고의 투자 대상이 되는 거지."

저녁이 깊어 가면서 시세차익형, 수익형 이야기를 쭉 나누다 보니, 문득 박 전무님이 부동산 이야기를 꺼내셨던 것이 생각났다.

"근데 아까 부동산도 비슷하다고 하지 않으셨어요?"

"주식에 배당금이 있다면, 부동산에는 바로 월세가 있지."

"그렇군요 비슷한 개념이네요."

"보통 부동산을 싸게 사서 비싸게 파는 시세차익으로 접근하지만, 높은 월세를 타겟으로 생각하는 사람도 있는 거야. 이게 바로 부동산에서의 수익형 투자인 거지."

"근데 부동산에도 Barking Dog, Cash Cow, Rising Star가 있어요?"

"응 물론. 광산 산업이 발달했던 과거 1960~70년대에는 탄광 도시가 있었지. 하지만 어느 순간부터 가게나 주택의 월세가 줄어들었을 거야. Barking Dog이었던 거지."

"Cash Cow는요?"

"현재 도시가 이미 성숙한 상태에서 인프라가 잘 형성되어 있는 지역은 월세가 많이 들어오는 Cash Cow인 거고."

"음⋯."

"반면 신도시 같은 개발 지역은 앞으로는 좋아지겠지만, 현재에는 인프라가 없어. 가게나 전·월세 세입자들이 잘 안 들어오려고 하니까 당장의 월세가 낮지. 바로 Rising Star!"

"아⋯. 그러면 Rising Star는 당장의 월세는 낮지만 앞으로의 부동산 가격은 오를 가능성이 높겠군요. 반면에 Cash Cow 지역은 현재 월세 수준은 높지만 이미 성숙된 도시니까 큰 호재가 생길 일은 잘 없을 것 같아요."

"오⋯. 서영찬이가 그래도 아주 멍청하지는 않단 말이야 하하. 그럼 최고의 투자 지역은 어디겠어?"

"음⋯. 제가 맞혀 볼게요. 주식으로 따지자면 Cash Cow와 Rising Star를 다 갖고 있는 회사잖아요? 부동산으로 따지면 지금 인프라가 잘 되어 있어서 월세가 높은 데다가, 또 다른 호재들 역시 무궁무진한 지역. 뭐 예를 들면 교통 신설이라든지 공공기관, 기업 입주, 랜드마크 건설 같은 추가 호재가 있는 거죠. 이런 지역이라면 Cash Cow와 Rising Star를 다 갖고 있는 곳이고, 현재 월세가 높음은 물론, 앞으로의 시세차익도 충분히 기대할 수 있겠어요."

"딩동댕~."

"아휴 딩동댕이 뭐예요? 아재같이⋯. 하하."

"브라보~."

"헐⋯."

"됐고. 다음 질문. 그래도 하나만 선택해야 한다면 뭘 하겠어? Cash Cow야 Rising Star야?"

"어…. 글쎄요…. 아무리 Rising Star가 있어도 현재 Cash Cow가 없다면 옛날 AI-PET처럼 망할 수도 있잖아요. 따박따박 배당이나 월세 받는 것도 나쁘지 않아 보여요. 저는 Cash Cow요."

"그 Cash Cow는 Barking Dog으로 변해 자네의 발목을 잡고 물어뜯을 수도 있지."

"흠…. 하긴 쇠퇴 산업이나 쇠퇴 지역으로 변할 수도 있으니…. 그럼 Rising Star로 하죠."

"그 Rising Star는 라이징 하는 척하다가 아래로 포물선을 그리며 다이빙을 할 수도 있지."

"헐…. 그럼 대체 어쩌라는 거죠?"

"그건 투자 대상의 상황이나, 투자하는 사람들의 사정마다 다 제각각 달라. 투자에는 정도가 없는 거라고."

"헐 그럴 거면 문제는 왜 내시는 거죠?"

"수익형 투자를 해야 하는 경우가 있으니까 하는 얘기야."

"네?"

"첫째, 저성장 국면이 지속되는 경우지. 이럴 때는 주식, 부동산 같은 자산의 가격이 잘 오르지 않기 때문에, 매월 유입되는 현금이 무척이나 가치가 있다고. 예전에 2013~2021 사이 부동산 광풍이 불었잖아? 그때는 노동소득이 자산가격의 상승을 도저히 따라가지를 못했지만, 지금은 어때?"

"지금 부동산은 특별히 호재가 있는 지역 아니고서는 물가상승률 정도밖에 안 오르니, 자산 방어수단 용도쯤은 되겠지만 좋은 투자 대상으로 보기는 어려운 것 같아요. 그래도 인기 있는 지역은 굳건하더라고요? 양극화도 심하고요."

"10년 전에 3,600만 명대던 생산가능 인구가 지금 3,300만 명대로 줄어들었어. 반면에 65세 이상 고령층은 900만 명대에서 1,200만 명대로 늘었지. 앞으로도 이런 추세는 계속 유지될 거야."

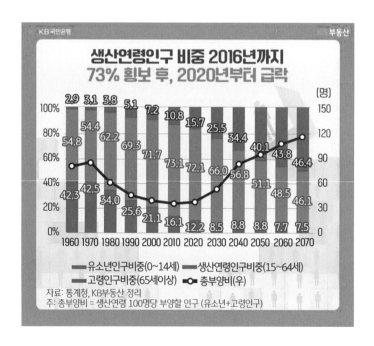

"네 정말 문제예요…. 하지만 이런 불황기일수록 고정적으로 유입되는 월급은 소중하게 느껴져요."

"그래. 시장에서도 마찬가지로 이런 불황기에 아랑곳하지 않고 따박따박 돈을 버는 회사들이 있어. 바로 식음료, 통신업과 같이 사람들이 호황이든 불황이든 이용하지 않을 수 없는 것들. 그런 회사들이 불황에서는 돈보이는 거야. 비록 성장성은 떨어지지만 말이야."

"그런데 그런 회사들은 투자로써 별로 인기가 없는 것 같아요."

"불황이 와야 돈보이는 회사니까 여태까지는 별로 재미가 없었던 거지. 왜냐하면 한국은 1945년 광복 이후로 85년 동안 몇 번 빼고는 계속 쭉 호황이었거든."

"아…."

"하지만 불황의 시기에서는 확실한 Cash Cow 사업을 가지고서 배당을 많이 해주는 회사, 매월 꾸준히 들어오는 월급, 매월 꾸준히 들어오는 월세가 확실히 매력이 있지. 불황 때는 투자하라고 금리를 아무리 낮춰줘도 막상 투자해서 시세차익을 보기가 쉽지만은 않거든."

"그렇겠네요."

"다만, 이런 회사들에 투자할 때는 몇 가지 체크해야 할 점이 있어."

"그게 뭐죠?"

"불황이 와도 사람들이 반드시 필요로 하는 사업인가. 또 회사가 그 사업에 지배력을 가지고 있는가. 예를 들면 독과점 혹은 압도적인 기술 말이지. 그리고, 시대가 바뀌어도 오래 지속될 수 있는 사업인가."

"필수재, 지배력, 지속가능…. 이해했습니다."

"그래 여기까지가 수익형 투자를 해야 하는 경우의 첫 번째야. 바로 저성장 국면."

"그럼 두 번째 경우는 뭔가요?"

"간단해. 바로 투자하는 사람 자체가 늙어갈 때지. 또는 자네처럼 은퇴를 걱정해야 할 때라든가. 하하하."

박 전무님의 조롱에 약간 짜증이 밀려왔다. 하지만 여태까지 그의 말은 별로 틀린 적이 없었기에, 한편으로는 다음 이야기가 궁금해지기도 했다.

"제가 지금 서른아홉에 은퇴를 걱정해야 되는 상황인가요? 그래서 수익형 투자를 해야 하는 경우다…?"

"시세차익을 목표로 하는 일반적인 투자에는 3요소가 필요해. 사는 가격, 파는 가격, 그리고?"

"시간이죠."

"그래. 사람이 늙어 가는데 평생 시세차익만 추구하면서 돈 불리다가 제대로 써보지도 못하고 죽을 수는 없지 않겠어? 그래서 돈을 어느 정도 불렸다 싶은 사람들은 수익형 투자로 넘어가서 돈 쓰는 재미도 좀 느끼고 그렇게 사는 거야."

"저 아직 서른아홉밖에 안 됐는데…."

"그렇지 서팀장은 아직 한창 일하고 한창 돈을 불려야 할 나이지. 하지만 곧 사십 줄에 접어들고, 요새처럼 저성장에 고용불안이 일상화 돼있는 사회에서는 수익형 투자의 비중을 차츰 늘려갈 필요가 있어. 마치 최후의 보루 같은 걸 만들어 놓는 거지."

"최후의 보루라…. 수익형 투자의 성격을 갖는 게 그럼 오래 지속될 Cash Cow를 가진 회사, 성숙된 인프라가 갖춰진 부동산의 월세 정도로 요약하면 될까요? 스스로의 노동력 향상에 투자해서 월급을 챙기는 노력도 수익형의 일종일 테고요."

"그렇지. 하지만 또 하나 있잖아? 정말 기가 막힌 거 말이야."

"오⋯. 기가 막힌 수익형 투자가 있다고요?"

"모르겠어? 기가 막힌 수익형 투자 상품이 바로 자네 가까이에 쭉 있어 왔는데도?"

#25 태양신 아폴로

박 전무님과의 대화는 어느덧 저녁 8시를 넘어가고 있었다. 그의 유쾌한 성격 때문인지, 아니면 술의 기운을 빌려서인지, 박 전무님의 말은 항상 사람을 끌어당기고 다음 이야기를 궁금하게 만드는 매력이 있었다.

"전무님? 제 가까이에 쭉 있어 왔던 기막힌 수익형 상품이라면…. 혹시 한주희 주임을 말씀하시는 거예요? 에이 농담도 참. 하하."

"자네 와이프? 음…. 듣고 보니 그것도 일리가 있는데? 사실, 사람 한 명 한 명을 경제적 주체로 본다면, 결혼은 일종의 M&A 같은 거거든? 각 경제 주체가 서로 만나 하나가 되어서, 새로운 가정이라는 경제 단위로 다시 태어나는 거지. 그런 면에서 자네가 최고 잘한 투자는 한주희 주임 같군. 하하하."

박 전무님의 이야기를 듣고 있자니 모든 것을 경제적 관점으로 생각하는 냉혈한 같다는 생각이 들기는 했지만, 주희와 결혼하게 되고부터 경제적으로 여유가 늘어났다는 것은 명백한 사실이었다.

"그럼 제 가까이라면 뭐죠? 회사나 아파트 주변 상가요? 아니면 우리 와후스페이스 주식?"

"크크크⋯. 모르면 술이나 마시자. 자 건배!"

"거⋯. 건배."

"아⋯. 서 팀장. 술이 얼큰하니 시 한 편이 떠오르는구만. 자 내가 읊어 볼 테니 잘 감상해 보라고."

'해야 솟아라
해야 솟아라
말갛게 씻은 얼굴 고운 해야 솟아라.
산 넘어 산 넘어서
어둠을 살라 먹고
선 넘어 밤새도록
어둠을 살라 먹고
이글이글 앳된 얼굴
고운 해야 솟아라
...하략.'
「해-박두진」

"이 시는 박두진 시인님의 작품이지."

"하하 갑자기 웬 해 타령이세요…. 잠깐! 어? 혹시 태양광? 그럼 와후스페이스가 아니고 와후피셀 주식을 사라는 거군요!"

"쯧쯧쯧…. 다 떠먹여 줘도 헛다리만 짚는구만. 네가 이영표 선수냐?"

"이영표 대한축구협회장님요?"

"아이고 답답해라…. 자네는 진짜 반성해야 돼. 와후피셀에서 10년을 넘게 근무하면서 태양광발전소 운영이 최고의 수익형 상품 투자라는 걸 몰랐단 말이야?"

"태…. 태양광발전소가요?"

그 말을 듣는 순간, 중요한 것을 놓쳤다는 생각이 들었다. 와후피셀에 있으면서 태양전지 판매는 열심히 했지만, 내가 판 태양전지가 어떻게 쓰여서 어떤 식으로 수익을 창출하는 데 활용되는지는 전혀 알아볼 생각을 못

했던 것이었다.

"회사라는 것은 기본적으로 돈 되는 사업을 하는 곳이잖아? 그 안에서 일하는 사람들은 당연히 돈 벌 기회를 구경할 일이 많아지는데, 자네는 뭐 한 거야?"

"그야 어떤 팀장님이 맨날 판매실적으로 푸쉬하고, 보고서 만들어 오라, 저녁때 술 마시러 가자, 이거 해라 저거 해라 하니까 시간이 없어서 못 한 거죠."

"핑계 대기는…. 경제인간으로서의 자세가 부족했다고 봐야지. 서 팀장은 회사 다니는 이유가 뭐야?"

"그야 돈 벌려고…. 또 자아 성취감? 그런 것도 있고요."

"웃기고 있네. 회사 다니는 이유를 내가 정의해 주지. 회사를 다니는 이유는 바로 회사를 안 다니기 위해서야."

"예에? 그건 무슨 또 뚱딴지 같은 소리신가요?"

"자 알아듣기 쉽게 얘기해 줄게. 회사를 다니는 이유는 회사를 다니는 동안 자산을 축적해서 급여 수준 이상, 혹은 급여 수준에 못 미치더라도, 은퇴하기 전 현금 유입의 흐름을 만들기 위한 목적으로 다니는 거야."

가만히 듣다 보니, 박 전무님 이야기는 회사에 충성하지 않는 마인드 같았는데, 또 구조조정은 회사를 위해서 해야 한다고 하니, 도무지 종잡을 수가 없었다.

"근데…. 직원들이 자기 살 궁리나 하고, 그런 마음가짐을 가지고 회사를 다니면 회사에 해를 끼치는 게 아닐까요? 우리나라 경제가 어떻게 돌아갈지…."

"하하 이봐 서 팀장. 회사 다니면서 돈 벌 기회도 유심히 살펴보라는 거지, 누가 회사에 해를 끼친다든가, 회사 일을 등한시하라고 했어? 회사에 다니는 동안은 회사를 위해서 주어진 일에도 최선을 다해야 하는 거라고."

"흠…."

"그리고 회사 다니면서 돈 벌 기회를 보라는 건 점점 은퇴가 가까워져 가는 시니어 직원들에게 더욱 해당되는 얘기야. 회사 역시도 성과가 덜 나오고 급여만 높은 시니어 직원들이 자기 나가서 살 궁리를 찾는 건 오히려 고맙게 생각할걸? 마치 연봉을 많이 주는 중동 구단을 기웃거리는 시니어 선수들을 축구 구단들이 환영하는 것처럼."

"아이고 알았습니다 전무님. 이제 설교는 그만요!"

잔소리에서 벗어나고 싶은 마음도 있었지만, 그보다는 태양광발전소 이야기를 빨리 듣고 싶은 마음이 컸다.

"짜식 또 발끈하는 건 있어 가지고…. 음…. 만약에 2억 원의 투자금을 들여 매월 200만 원, 1년에 2,400만 원의 수입이 꾸준히 나오는 수익형 상품이 있다면 어떨 것 같아?"

"오 그럼 대박이죠. 보통 배당금 종목 투자나 부동산 월세 투자를 해도 안정적으로 5% 올리기는 쉽지 않잖아요. 2억 투자로 1년에 2,400만 원이면 수익률이 12%인 거니까 대박 상품인데요?"

"이게 바로 100㎾급 용량의 태양광발전소가 벌어들이는 수익이지."

"헐…."

"100㎾급 발전소가 1시간에 출력하는 발전량을 100㎾h라고 하지. h가 하나 더 붙는다고 hour. 그럼 하루 동안의 발전수입은 100㎾h×우리나라 일평균 3.6시간×SMP 가격이 되는 거야."

"SMP*라면 한국전력이 소비자들에게 전기를 판매하기 위해 발전소로부터 구매하는 가격이잖아요?"

(* SMP: System Marginal Price, 계통한계가격)

"그래. 2010년대에 100원 정도였는데, 러시아 우크라이나 전쟁으로 가스값이 폭등을 해서 2020년에 200원대로 올라왔지. 지금도 200원 수준 정도 되잖아. 그러면 100㎾h×3.6시간×200원 하면 하루 수입이 72,000

원이 되는 거야. SMP 가격의 등락이 불안하게 느껴지면 20년씩 고정가격으로 장기계약을 체결할 수도 있다고."

"오…. 그러면 한 달 30일로 치면 216만 원이고, 1년이면 가만있어 보자…. 대충 2,600만 원쯤 되겠군요!"

"물론 거기서 운영비를 좀 빼야지. 아무리 태양광발전소 원료가 자연에서 나오는 햇빛이라고 해도, 안전관리비나 인터넷, 제초비, 청소비, 소득세 같은 것들은 빼야 한다고. 대충 매출의 10%는 빠지지. 그리고 태양광발전 설비는 노후로 인해 매년 감가상각을 하기 때문에 원래 설비 가치가 온전히 보존되지는 않는다는 것도 단점이야."

"오 아무튼…. 그래서 경비 빼고 한 달에 200, 1년에 2,400이라고 하신 거군요?"

"후후…. 난 이제 강남 아파트는 한 채밖에 없어. 나머지 한 채는 다 팔아서 우리 와이프가 20억 투자금으로 태양광발전소를 잔뜩 세웠다고. 무려 2000㎾. 한 달에 매출이 거의 4,000만 원이야 으하하하. 나를 태양의 신 아폴로라고 부르라고 이제부터!"

"헐⋯. 회사 왜 다니세요?"

"와이프 거니까. 가만 생각해 보니⋯. 난 개털인데?"

"근데 100㎾에 2억 원 투자금이면, 2,000㎾ 투자금은 40억 원 아니에요? 20억 원으로는 1,000㎾밖에 못 하잖아요."

"태양광발전소는 따박따박 매출이 꽂히기 때문에 은행에서도 아주 좋아하는 담보가 되는 거야. 보통 사업비의 60%씩은 대출을 해준다고. 지금 불황기라 대출금리가 3%대밖에 안 되잖아? 40억 원 투자금 중 절반은 은행 대출이지."

"헐⋯. 빚을 20억 원이나 지셨다고요?"

"그래. 그래도 월매출 4,000만 원 중 경비로 10% 빼면 3,600만 원이고, 20억 원 대출에 대한 20년 원리금 균등 월 상환 금액은 1,160만 원이니까, 2,440만 원은 순수입이 되는 거야."

박 전무님 얘기를 듣고 미칠 듯한 부러움이 들었지만, 질투심이라기보다 나도 그렇게 하고 싶다는 욕구가 강하게 들었다.

　"박 전무님 태양광발전소 투자는 어떤 절차를 거쳐서 하는 거예요? 저도 알고 싶습니다."

　"허허…. 이 얘기하려면 밤새야 해! 하하하. 시중에 태양광발전소 투자에 대한 책들도 있고, 각종 인터넷 커뮤니티도 많으니까 거기 가서 기본적인 공부를 먼저 하라고. 아니면 옛날 고객이셨던 김 사장님 같은 분한테 한번 찾아가 봐도 좋잖아?"

　"김 사장님 연락 안 한 지 좀 됐어요. 에이 전무님…. 그러시지 말고 살짝만 알려 주세요."

　"음…. 듣고 보니 그것도 나쁘지 않겠네. 혹시 자네가 짤리면 이거라도 굴려서 먹고살아야 하니까. 하하하하."

　"아 진짜…."

　"태양광발전소의 핵심은 제대로 된 땅을 구하는 거야. 제대로 된 땅만 구하면 90%는 해결됐다고 봐야지."

　"시골에 가면 땅에 안 짓고, 집이나 창고, 공장 등 건물 위에 올린 곳도 많던데요?"

　"당연히 그러면 좋지. 건물 위에 올리는 태양광은 정부가 장려하는 형

태기 때문에 허가도 무척 빠르다고. 게다가 보조금도 조금 더 주고. 그런데…. 서 팀장은 건물이 있나?"

"없죠."

"자 받아 적어 봐. 태양광을 하기 좋은 제대로 된 땅을 알려 줄 테니까."

"옙."
그렇게 박 전무님은 태양광을 하기 좋은 땅에 대해 설명해 주셨고, 나는 열심히 메모했다.

태양광 하기 좋은 땅

ㅇ 태양광을 할 수 있는 지목인지 여부
　-임야나 농업진흥구역 내의 전, 답은 불가능

ㅇ 개발행위를 통한 태양광발전소 건설 가능 여부
　-토지 이음 www.eum.go.kr 사이트에 들어가 지번 검색 후
　　행위제한 내용 살펴보기
　-군사통제구역, 문화재보호구역, 상수원보호구역 등 불가
　　능 지역 파악하기

ㅇ 개별 지방자치 단체의 조례 부합 여부

-민가에서 어느 거리만큼 떨어져야 한다

-도로에서 어느 거리만큼 떨어져야 한다는 규정 등

o 해가 잘 드는 남향 경사나 평지를 이뤄야 함

-남, 동, 서에 햇빛 차단 장애물이 있으면 안 됨

o 주변 공장 소각 매연, 철가루 분진 등 확인 필요

-발전량에 악영향

o 주변 3상 변압기까지 거리가 짧아야 선로 구축비용 세이브

o 한전이 전기를 받을 수 있는 지역 변압기 용량이 충분해야 함

-지역 변압기 용량이 모자라면 몇 년씩 대기하는 경우 생김

o 주민들이 태양광발전소에 반대 없는지 확인

o 1㎡당 토지 구매비 50,000원 초과 시 경제성 잘 안 나옴

-100㎾급 발전소에 통상 1,000㎡ 면적이 필요하므로, 토지 구매 비용 5,000만 원 미만 타겟. 나머지 설비 구축비용 1.5억 가정 시, 2억 원으로 투자 가능.

"감사합니다. 전무님. 당장 알아봐야겠어요."

"허허…. 서 팀장. 차분히 알아봐야 해. 태양광 멋모르고 뛰어들었다가 땅만 사놓고 못 짓고 있는 사람들도 무지하게 많거든?"

"흠….'

"그래서 태양광발전소 분양한다는 업자들을 통하는 경우도 있는데, 계약금, 중도금만 먼저 받아 챙겨 놓고 발전소 건설은 차일피일 지연하거나, 아예 돈 먹고 튀어 버리는 놈들도 많으니까 조심해야 돼. 선금을 줘야 하는 경우에는 반드시 이행보증보험을 먼저 받아 놓으라고!"

"네! 명심하겠습니다!"

그렇게 태양광발전소의 세계에 푹 빠져, 넋 놓고 박 전무님과 얘기를 하다 보니 벌써 시계가 9시를 가리키고 있었다. 시계가 9시의 분침을 넘어서려는 순간 날카로운 전화벨 소리가 울렸다.

‘삐비비빅 삐비비빅~’

“네 여보세요? 서영찬입니다.”

“아…. 거기 혹시 한주희 씨 보호자 되시나요?”

“네 그런데요? 무슨 일이시죠?”

“아…. 놀라지 말고 들으십시오. 여긴 강화도의료원 응급실입니다. 지금 한주희 씨가 교통사고가 나서 의식이 없으세요. 빨리 와주셔야 될 것 같습니다.”

#26 양자 내성 암호

"네? 주…. 주희가 교통사고라고요!"

 강화도의료원에서 전화를 받고 난 후 곧장 뛰쳐나와 차를 잡아탔다. 박 전무님께 뭐라고 하고 나왔는지 기억도 안 날 만큼 정신이 없었다. 러시아 워 이후 밤 시간대라 한 시간 남짓밖에 안 걸렸지만, 과속을 하지 않는 자 율주행차의 모범운전 스타일은 답답하게만 느껴졌다.

 '응? 잠깐? 근데 주희는 자율주행차를 안 타고 수동운전 차를 탔던 건 가? 제발 무사해야 할 텐데….'

 밤 10시. 마침내 강화도의료원에 도착해 응급실 안쪽으로 들어간 끝에, 주희가 있다는 입원실 번호가 쓰여진 문패를 발견했다. 주희의 상태를 빨 리 확인해야 함에도, 왠지 선뜻 문을 열기가 무서워 잠시 멈춰서 심호흡을 했다.

 '후….'

그리고 문을 열려던 순간.

"오빠!"

익숙한 목소리에 뒤를 돌아보니, 나를 불렀던 사람은 다름 아닌 주희였다!

"주희야!"

"하하 표정 보니까 오빠가 많이 걱정했나 보네?"

"어떻게 된 거야! 다, 다친 데는? 괜찮은 거야?"

"아이고 허리야….가 아니고 멀쩡해서 퇴원수속 하고 오는 길입니다. 하하. 나 잠시 기절했었대."

"기절?"

"응. 우리 차가 멈춰 있는 노란 유치원 차 옆으로 지나가고 있었거든? 근데 유치원 차에서 내린 아이들 서너 명이 길을 건너려고 했는지 갑자기 우리 차 앞쪽으로 뛰어나오는 거야."

"뭐어?"

"난 그때 속도나 거리를 봤을 때 우리 차가 멈추지 못하고 아이들을 칠 수밖에 없는 상황이라고…. 진짜 큰일 났다고 생각했거든? 근데 갑자기 우리 차가 핸들을 스스로 오른쪽으로 휙 꺾더니 유치원 차에 부딪치더라고? 진짜 다행이지 뭐야. 휴…."

"차끼리 부딪친 거였어? 그러면 충격이 상당할 텐데? 다시 정밀검사를…."

"하하 서영찬 씨. 이미 CT, MRI 다 했고, 괜찮답니다. 유치원 차 옆으로 지나간다고 차 스스로가 속도를 줄였고, 또 프리액티브 시트벨트가 충돌하기 전에 꽈악 조여 줬네요."

"후…."

주희의 얘기를 듣고 나니, 걱정으로 가득 찼던 내 마음도 한결 누그러지며 그제서야 안도감이 들었다.

"주희야. 여기 복도 벤치에서 자판기 커피 한잔하자…. 그런데 쫌 이상한데? 원래 차가 탑승자를 보호해야 하는 거 아니야? 아니 아무리 앞에 아이들이 있다고 해도 차가 옆 차를 그냥 들이받아 버리는 건 너무 무책임한 것 같은데…."

"아니야 오빠. 우리 차가 옆 차를 들이받지 않았다면 아이들이 우리 차에 치여 도로에 넘어져 머리를 부딪쳤거나 차에 깔렸을지도 모른다구! 나는 우리 진주가 떠오르면서 얼마나 다행인지 모르겠다는 생각이 들었는걸?"

"호호호…. 우리 서 팀장님은 정치에는 별로 관심이 없으신가 봐요?"

낯익은 웃음소리에 뒤를 돌아보니 최모옹 교수님, 엄마곰이 다가오고 계셨다.

"앗 최 교수님. 여긴 어쩐 일로…. 아 참! 주희랑 강화도 땅 같이 보러 간다고 하셨죠? 교수님은 괜찮으세요?"

"호호 멀쩡해요. 나도 커피 한잔 같이 마셔도 될까?"

"아 네. 그럼요 최 교수님. 여기 앉으세요."

"호호 고마워요. 근데 서 팀장님이 옆 차를 들이받아서 이상하다고 생각하시는 걸 보니 확실히 정치에 관심이 없으시네요."

"정치요?"

"얼마 전, 자율주행차 긴급상황 시 제어 동작 기준에 대해서 국민 참여를 거쳐 입법이 됐는데 참여를 안 하셨군요? 호호호."

최 교수님 얘기를 듣고 보니, 뉴스에서 그 보도가 나왔던 것이 어렴풋이 기억났다. 급변하는 사회에 따라 그에 걸맞는 제도와 법도 같이 따라와 줘야 하는데, 우리나라 정치는 사회의 변화를 담아내지 못한 채 기득권 지키기 싸움에만 몰두해 있었다.

이에 국민들의 원성이 자자했고, 마침내 국민 정치참여 시스템 앱이 오픈되어, 자율주행차 등 여러 입법 과정에서 국민들이 직접 참여한다는 이야기를 얼핏 들었다.

대통령 선거, 국회의원 선거, 지방자치단체장 선거도 앱의 전자투표를 통해 신속하게 진행할 수 있음은 물론, 각종 현안에 대한 여론조사 참여, 입법 과정 참여, 국민 발의, 탄핵 소추 등을 통해 국민들이 직접 정치에 참여할 수 있는 기회가 많아졌다. 각료들과 자치단체장들은 국민들의 참여에 긴장하기 시작했고, 이와 동시에 대의 민주주의 기관으로서의 국회는 그 역할과 사회적 위상이 크게 축소되었다.

더불어국민당과 민주의힘 등, 제도 정치권에서는 양자 컴퓨터의 점진적인 도입에 따라, 해킹에 따른 보안이 우려된다며 반대의 목소리를 높였지만, 과학자들이 머리를 맞대 양자 내성 암호를 만들어 냄으로써, 더 이상 국민 참여를 저지할 만한 반대 명분을 내세우기 힘들었다.

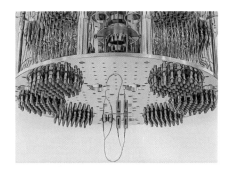

"그리고 보니 뉴스에서 얼핏 들은 게 생각이 나요. 기준이 세워진 건가요?"

"호호호…. 그럼요. 톡GPT에 한번 물어보시죠."

최 교수님의 말에 따라, 톡GPT를 검색하니 다음과 같은 기준이었다.

≡ 자율주행차 긴급상황 시 제어 동작 기준에 대해 알려 줄래?

톡GPT: 네. 자율주행차 긴급상황 시 제어 동작 기준은 국민들의 합의에 의해 정해졌으며, 그 내용은 다음과 같습니다.

1. 차대 차 긴급상황 시: 차에 탄 나를 보호

2. 차대 사람 1명 긴급상황 시(불법 횡단 시): 차에 탄 나를 보호

3. 차대 사람 1명 긴급상황 시(합법 횡단 시): 차에 탄 나와 횡단하는 사람의 치명 부상 확률을 계산해 피해 최소화 원칙

4. 차대 여러 사람(2인 이상) 긴급상황 시: 차에 탄 나와 횡단하는 사람들의 치명 부상 확률 합계를 계산해 피해 최소화 원칙

≣ 더 궁금한 것이 있으신가요?

≣ **그러면 단적인 예를 들면, 사람들 10명이 파란불에서 정상적으로 건널목을 건**
≣ **너고 있는데 차가 고장이 나서 멈추지 않을 때는 어떡해?**

≣ 톡GPT: 최근의 자동차는 모터 역회전, 비상 급제동 등 첨단 안전장치가 탑재
≣ 되어 있기 때문에 최대한 멈추는 노력을 일차적으로 할 것이며, 고장이 나서
≣ 멈추지 않는 경우는 희박합니다. 그러나 도저히 속도와 거리 때문에 멈추지 못
≣ 한다고 판단이 든다면 핸들을 급히 꺾어 다른 차에 부딪치거나, 이도 여의치
≣ 않을 경우 타이어를 순간적으로 터뜨려 차를 주저앉힐 수도 있습니다. 대신 프
≣ 리액티브 시트벨트와 에어백을 활성화시켜 차량 내의 탑승자도 최대한 보호
≣ 할 것입니다.

"헉⋯. 무서운데요?"

"호호⋯. 하지만 이것은 국민들 대부분이 동의한 내용이라는 게 중요해
요. AI의 윤리 기준은 결국 사람들이 세우는 것입니다. 이래서 정치참여는
중요한 거예요."

'AI의 윤리 기준은 사람이 만드는 것이라⋯.'

"호호호⋯. 벌써 시간이 늦었군요. 이제 돌아들 가봐야죠."

"아 네. 그러시죠 최 교수님."

"호호…. 주희 씨 그 땅은 다시 한번 생각해 보라구. 내가 볼 땐 영 아니야."

차를 타고 주희랑 화려동으로 복귀하면서 궁금했던 강화도 땅에 대해 물어봤다. 운전을 할 필요가 없으니 대화에 집중하기가 훨씬 편했다.

"근데 주희야. 교수님 얘기는 무슨 얘기야? 땅에 문제가 있는 거야?"

"응 땅값은 싼데, 일반적인 토지 투자 접근법으로 보면 문제가 아주 많아. 일단 현황도로(실제 현장에는 나 있는 길)는 있는데 지목상으로는 도로가 없는 맹지야. 게다가 개발행위가 가능한 게 별로 없어서 카페나 펜션을 올리는 것도 불가능해. 또 교통이 불편한 데다가 주변에 주택가들도 없어서 유동인구를 기대하기도 어렵고, 그렇다고 개발계획이 있는 것도 아니지."

"헉…. 그런데 왜…. 주희는 그 땅이 마음에 드는 거야? 그냥 사놓고 땅값 오를 때까지 무작정 기다리려고?"

"최 교수님은 싼 게 비지떡이라고 꽝이라고 하시는데, 나는 아주 마음에 들어. 최 교수님이 모르시는 좋은 용도를 하나 발견했거든?"

"부동산 초고수 최 교수님도 모르는 땅의 용도?"

"응. 최 교수님은 와후피셀에서 근무한 적이 없으시거든. 그 땅은 태양광발전소를 짓기 최적의 땅이라구!"

그렇게 며칠이 지나 우리는 강화도 땅 2,000㎡, 약 600평을 1억 원에 구매하게 되었다.

"으아···. 떨린다 주희야. 7년 전에 아파트 계약할 때보다 더 떨려. 우리 태양광발전소 잘 지을 수 있을까?"

"오빠랑 나랑 꼼꼼히 따져 봤잖아. 여긴 주변 주택가도 없어서 반대 민원도 없을 거야. 공사하면서 땅 파다가 고려시대 문화재만 여기서 안 나오면 된다고 하하."

"어? 고려청자라도 수십 점 나오면 대박인 거 아니야?"

"이보세요 서영찬 씨. 아무리 땅 주인이라도 땅속에서 나온 문화재는 모두 국가 귀속이랍니다 하하. 보존사업 한다고 공사 기간만 엄청 지연된다고요."

그리고, 회사가 구조조정을 예고한 한 달의 시간은 어느덧 흘렀고, 드론 사업부에 소속된 직원들 150여 명은 초조한 마음으로, 또 일부는 담담한 마음으로 인사공지를 클릭했다.

```
[인사공지]
o 조직이동
 -서영찬 팀장 외 8명
  현재 : 드론 중량화 연구팀
  이동 : UAM 중량화 연구팀

o 의원면직 (자발적 퇴사)
 -박봉균 전무 등 총 42명 / 명단 별첨

o 계열사이동
```

해고 대상에 포함이 안 됐다고 안도했던 것도 잠시, 그날 저녁의 박봉균 전무님 얘기가 문득 떠올랐다.

'이봐 서팀장. 회사에서 경영전략본부장이라는 위치에 서서 해야 할 일 두 번째가 뭔지 알아? 바로 우리 직원들이 희망을 계속 이어갈 수 있도록 만들어 주는 거지. 직원들이 새로 일할 수 있을 만한 계열사와 다른 회사들을 알아보기 위해 백방으로 알아보고 있는 중이야. 물론 전부가 다 갈 수는 없겠지…. 누군가는 책임을 져야 하겠지.'

그리고 또 몇 달의 시간이 흘렀고, 마침내 강화군청으로부터 발전소 개발 및 사업에 대한 허가서를 취득했다. 또 한국전력으로부터는 발전된 전기를 판매할 수 있는 전기선로를 확보하였다.

그렇게 토목공사가 순조롭게 진행되고 있던 어느 날, 주희로부터 다급한 전화가 걸려 왔다.

"오빠! 나 여기 공사 현장에 감독하러 나와 있는데 큰일 났어. 여기 문화재가 발견됐대 어떡해!"

"뭐? 고려청자가 진짜로 나왔단 말이야?"

"아니. 조선백자!"

#27 작은 변화와 큰 변화

주변에 물어보니, 출토된 문화재는 반드시 신고를 해야 하고, 이를 어기고 공사를 강행할 경우 징역 3년에도 처해질 수 있는 무거운 범죄였다.

"여보세요? 거기 문화재청인가요? 여기 강화도입니다만, 땅을 파다 보니 도자기가 나와서요….."

며칠 지나지 않아 문화재청에서 조사관들이 찾아왔다.

"음…. 문화재가 맞군요."

"네? 그럼 이게 진짜 조선백자란 말인가요?"

"네 조선백자가 맞습니다. 20세기 초 생활용품들입니다. 꽃병, 주전자, 밥그릇, 요강 같은 것들이죠. 다만, 이런 것들은 흔해서 희소성이 없는 데

다가 여기 금 간 것 보이시죠? 보관상태도 나빠서 보존가치는 없습니다."

"그, 그럼⋯."

"운이 좋으시네요. 여기 강화도는 섬 전체에 문화재가 묻혀 있다고 봐도 과언이 아니에요. 공사 잘 진행하십시오~. 저희는 다음 장소로 이동하겠습니다."

자칫 땅만 사놓고 아무것도 못 할 뻔했던 아찔했던 순간이었다. 그리고 시간은 9개월이 흘러, 마침내 우리 땅에 검은 진주색의 태양전지 패널이 우뚝 세워졌다.

"오빠. 이걸 바라보니까 감격스럽다⋯. 앞으로 우리에게 큰 힘이 되겠지?"

"주희야. 낮에는 해가 쨍쨍, 비는 밤에만 오라고 소원을 빌어 봐 하하."

"됐네요. 내 발전소니까 알아서 잘 관리하겠습니다. 신경 끄시고, 회사 일에 집중하세요!"

기쁜 일은 이것으로 끝이 아니었다. 결혼 전부터 조금씩 적립식으로 투자해 온 SG전자. 올 초 새롭게 출시한 스마트 안경이 전 세계적으로 대박을 내버렸다. 주가가 끝모르게 치솟았다.

그리고 마침내 레벨 100.

테슬라를 매도했던 그 날 아침 이후 7년여 만에 가계 순자산이 10억 원을 돌파하였다.

날짜 2030.9.30 (가계 재무상태표)

자산		부채	
목록	금액(만 원)	목록	금액(만 원)
화려동 아파트	70,400	태양광 담보대출	21,000
강화도 태양광	40,000		
SG전자 투자	15,620		
현금성 자산	180		
자산 합계	126,200	부채 합계	21,000
순자산	105,200	부채비율	20.0%
전년도 순자산	90,115		
전년 대비 증감	15,085	▲	

그리고 회사는 UAM 개발에 박차를 가하고 있었다. 이미 미국과 중국의 여러 회사들이 야심 차게 출시했지만, 짧은 이동 거리에 그쳐 효율성이 떨어졌고, 또 몇 건의 인명사고까지 발생하면서, UAM에 대한 사람들의 인식이 좋지 못했다.

가을이 깊어가던 저녁, 삼성동 회사 앞 어느 식당.

"최 주임. 요새 많이 힘들지? 내가 고생 많은 것 같아서 몸보신 좀 시키려고 데려왔지."

"감사합니다 서 팀장님. 제가 채식주의인 건 어떻게 아셨어요?"

"지난번에 보니까 삼겹살을 한 점도 안 먹더라고. 그래서 눈여겨보고 있자니 삼계탕도 안 먹길래 비건인가 보다 했지."

"제가 완전 비건은 아니고 세미 베지테리언이에요. 쫄깃한 고기 감촉을 좋아하죠 하하. 근데 이 대체육은 고기 비린내가 안 나면서도 쫄깃해서 정말 맛있어요."

"요새 정말 대체육이 인기더라고. 또 진짜 고기에 가깝게 먹고 싶은 사람들도 배양육을 먹기는 해도, 직접 도축한 생고기는 잘 안 먹더라고."

"반려견 문화가 많이 정착됐잖아요. 돼지 같은 동물들도 지능이 아주 높대요. 저는 식물성 대체육하고, 고기 세포로 배양한 배양육까지가 마지노선인 것 같아요."

"많이 먹어 둬…. 회사에서 기대는 큰데 연구 진척이 잘 안 나가니까 힘들지? 요새 얼굴이 힘들어 보이더라고…."

"기대가 큰 걸 알긴 하지만, 너무 신경 쓰지는 않으려고요. 그냥 연구는 제 자신에 대한 도전이라는 마음가짐으로 최대한 즐겁게 하려고 노력하고 있습니다."

최 주임의 대답을 들으니 내 세대와는 다른 당당함과 쿨함이 느껴졌다. 기성세대들은 수백 년 전이나 오늘이나 젊은 세대를 볼 때 걱정하고, 한심스럽게 바라본다고 한다.

흔히 사람들이 Z세대를 이야기할 때 자기밖에 모르는 개인주의자라는 색안경을 쓰고 쳐다보지만, 내가 느낀 Z세대는 스스로 실력이 있고, 스스로 결정하고 책임질 줄 아는, 현대사회에 보다 적합한 인간형이라는 생각이 들었다.

"최 주임. 뭐 언제든 회사생활 어려운 점 있으면 얘기해 줘. 최대한 같이 개선해 보자."

"저기…. 팀장님 회사생활은 아니고요…. 혹시 주식투자 하세요?"

"주식투자? 응, 하지. 그건 왜?"

"후우…. 제가 샀다 하면 주가는 떨어지고, 제가 팔고 나면 항상 주가가 올라요. 주식투자에는 도저히 소질이 없나 봐요. 벌써 올해 10개월 동안만 거의 40% 가까이 손실이에요. 그런데 웃긴 건 코스피지수는 20% 가까이 올랐더라고요."

"음…. 어떤 종목을 투자하고 있는데?"

"그게…. 딱히 어떤 종목이라고 말하기가 어려워요. 조선, 디스플레이, 중장비 같은 것들 위주인데 하도 많이 바뀌어 가지고요…. 매일 아침 인공지능이 추천해 주거든요? 그럼 보통 하루에 두세 번 정도 거래를 하는데 손실만 계속 커져요. 차트를 아무리 봐도 모르겠어요."

"음…. 내가 뭐 누구한테 재테크 강의해 줄 만한 입장은 안 되지만, 최주임 투자의 문제점이 뭔지는 확실히 알겠군."

"어? 벌써 문제점이 보이세요?"

"주식투자 제대로 하려면 엄청 공부 열심히 해야 돼. 오늘 저녁 먹으면서 한두 시간 만에 끝날 만한 공부가 아니라고."

"공부하는 방법조차 잘 모르겠어요. 가장 큰 문제점이 뭔가요?"

"한 번 사고파는 데 거래세가 얼마야?"

"글쎄요?"

"0.2%지. 하루에 두세 번을 거래한다니 하루에 0.4%라고 치고…. 이런 식으로 100일만 거래하면 거래세만 40%가 빠져나가겠군. 최 주임 손실 규모하고 딱 맞네."

"헉…. 그렇게나 많이요?"

"은행 예·적금 들 때나 대출할 때는 0.1, 0.2% 금리에 엄청 민감해하면서, 주식 거래세 0.2%는 왜 아무렇지 않게들 생각하는지 모르겠어. 그것도 하루에 두세 번씩이나 사고팔다니…. 0.2를 우습게 보면 안 된다고. 그게 모이고 쌓이면 큰 금액이 되는 거야."

"와…. 이해했습니다, 팀장님. 제 문제가 그거였군요."

"사람들은 흔히 주가의 단기적인 등락을 자신이 맞출 수 있을 거라고 착각들을 하지. 명심해. 주식은 회사에 투자를 하는 것이지, 게임이 아니야."

"감사합니다. 오늘 말씀 깊이 새기겠습니다."

"아직 안 끝났는데? 두 번째…. 최 주임이 산 종목들이 대부분 중국 회사들과 경쟁하는 사업들이야. 압도적인 기술력이나 차별성이 없다면 중국 회사들과 경쟁하는 사업들은 되도록 피하는 게 좋아. 오히려 반대로 중국에 뭘 팔 수 있는 사업이라면 좋지."

중국의 연간 국내총생산 GDP는 어느덧 30조 달러를 넘어, 총량 기준으로 미국을 넘어 세계 1위의 경제 대국에 올라섰다. 여러 산업 분야에서 중국의 기업들이 두각을 나타냈다. 1인당 국민소득 역시 2만 달러를 돌파하게 되었고, 부유해지기 시작한 14억 명 인구의 구매력은 대단했다.

"최 주임. 우선 BPS, EPS 개념이 뭔지 공부를 해봐. 남들한테 설명할 수 있을 때까지 확실히 개념을 깨우치라고."

그렇게 최 주임과 저녁 식사를 마치고 집으로 돌아오니, 주희와 진주가 거실에 앉아 TV를 보고 있었다.

"아빠~ 히히."

"우리 공주 진주~ 엄마랑 잘 놀고 있었어?"

"응. 아빠 근데 저기 TV에 저게 뭐야? 왜 미국 사람들이 심각한 표정으로 얘기해?"

"응?"

TV 속 앵커의 말.

"김 기자. 그러니까 이 대화 내용이 유출돼서 지금 세계적으로 파장이 큰 상황이죠?"

"네 그렇습니다. 미국 외교부장이 집권당 대표와 나눈 대화가 유출됐는데요. 다시 한번 들어 보시겠습니다."

미국 외교부장: "그러니까 중국이 더 커지면 제어할 방법이 없으니, 지금이라도 교두보를 확보하려 합니다. 항상 비상시에 대비해야 하니까요. 대통령 뜻입니다."

미국 집권당 대표: "그래서 북한과 수교해서 주한미군을 북한에 주둔시키겠다?"

미국 외교부장: "중국이 땅이 크지만 주요 도시들 위치를 보세요. 베이징, 티엔진, 상하이, 광저우, 전부 다 동쪽에 몰려 있어요. 주한미군을 북한에 주둔시키면 해상봉쇄는 물론 유사시 국경선 견제도 가능해져요. 러시아 견제까지 더해 가장 효과적인 견제가 되는 거죠. 한국의 주한미군으로는 부족합니다."

미국 집권당 대표: "중국이 가만히 있을까요?"

미국 외교부장: "중국도 한국과 수교를 했으니 피차일반입니다. 그보다 야당이 북한 인권과 독재를 언급하며 수교에 반대할 텐데 잘 막아 주시죠."

미국 집권당 대표: "하하 그야 일도 아니지요. 마침 야당 의원 한 명이 뇌물 스캔들에 학폭 의혹까지 있어요. 인권을 그렇게나 중시한다는 야당이 학폭을 했다고 윤리적 이슈로 몰아가면 됩니다. 아 참. 그나저나 북한은 그럼 핵무기 포기하는 거예요?"

미국 외교부장 : "허허…. 대표님. 지금 미국과 수교하기를 가장 간절히 바라고 있는 게 북한입니다."

"오빠! 저 얘기가 무슨 얘기지 지금…. 북미수교? 토…. 통일되는 거야?"

"아니. 지난번 국민 참여 앱 조사 보니까 당장의 통일에 반대하는 비율이 74%더라고. 남북 경제적 격차가 너무 커서, 통일 비용을 다들 부담스러워 하는 거지."

"그래도 북미수교가 되면 이건 큰 변화 아니야?"

"글쎄 모르지. 미·중갈등이 더 격화될지. 아니면 긍정적인 변화가 찾아올지…. 근데 저렇게 유출이 돼가지고 제대로 진행이 될 수 있을까…?"

미국 정부는 대화 내용 유출로 곤욕을 치르고 난 후 외교부장을 경질했다. 하지만, 야당 의원의 비리는 대화 내용처럼 이슈화됐고, 미국의 외교 라인은 북한의 외교 라인과 연이어 회담을 가지며, 수교가 계속 추진되어 갔다.

원래 형편이 넉넉할수록 마음에 여유가 생기는 법인데, 미국은 턱밑까지 쫓아온 중국을 보고, 한가하게 북한의 독재나 논하고 있기 어려운 상황으로 보여졌다. 제 코가 석 자로 보였다.

그리고 해가 바뀌어 2031년 3월 3일. 나와 주희는 진주의 초등학교 입학식에 참석했다.

    그 시간 청와대 영빈관에서는 한국, 북한, 미국의 세 정상이 한자리에 모였다. 3월 3일은 역사적인 북한과 미국 간의 수교 협정, 그리고 한국과 북한 간의 평화협정이 체결된 날이기도 했다.

#28 금강산 스키장

북미수교, 남북 평화협정이 체결된 후 3년이라는 시간이 흘렀다. 수교 초기에는 사람들이 변화를 잘 실감하지 못했지만 시간이 지날수록 사회 전반적인 변화의 폭이 확연히 커져 갔다.

우선 북한에는 미국의 계획대로 미군이 주둔했다. 미군의 주둔 명분은 북한의 불가역적인 핵 포기를 관리, 감독한다는 이유였고, 한반도의 비핵화를 찬성하는 중국도 선뜻 반대하지 못했다.

중국도 처음에는 중국군 역시 북한의 핵 폐기 프로세스에 참여하기를 원했지만, 미국이 경제적인 협상 카드를 내밀자, 중국은 명분보다는 실리를 취하는 선택을 했다. 반면, 미국이 한반도 내의 병참 기지화에 집중하면서, 일본이 가졌던 전략적 요충지로서의 입지는 크게 줄어들었다.

미국, 중국의 정책 변화보다 더욱 큰 변화는 바로 한국과 북한의 변화였다. 우선 북한은 북미수교의 조건으로 형식적으로나마 중국식 개혁, 개방의 노선을 취했다. 유튜브나 페이스북 같은 서비스들은 중국과 마찬가지로 북한에서도 이용할 수 없었지만, VISA를 통한 사업이나 관광 목적의 입국이 비교적 자유롭게 허용되었다.

　한국과 북한이 평화협정을 통해 가장 중점을 둔 부분은 서로에 대한 적대적인 행위를 더 이상 하지 않고, 서로를 인정한다는 것이었다. 북한은 더 이상 한국을 혁명의 대상으로 여기지 않았으며, 한국도 북한의 독재와 인권침해를 알면서도 이를 타도의 대상으로 삼지 않았다. 서로가 서로를 바꾸려는 시도는 바로 전쟁을 의미했고, 엄청난 피해를 생각할 때 현실적으로 불가능한 이야기라는 것을 서로가 잘 알고 있었다.

　대신, 한국은 평화의 대가로 북한에 많은 것들을 지원했다. 북한의 철도, 도로, 통신, 전력, 수도, 가스 등 인프라를 구축하는 데 있어서, 한국의 연간 예산에서 재원을 상당 부분 할애했다.

　국민들의 반대 의견도 상당했지만, 평화를 토대로 북한 경제 수준을 끌어올린다는 정책은 김대중 정부의 햇볕정책, 노무현 정부의 평화번영, 이명박 정부의 비핵개방 3000, 박근혜 정부의 통일 대박론, 문재인 정부의 신한반도 평화 비전, 윤석열 정부의 담대한 구상과 모두 뜻을 같이하는 정책이었고, 무엇보다 미국이 이를 지지했다.

서방 선진국들과 중국의 기업들 역시 북한으로 많이 진출했다. 이들이 특히 관심을 가지는 것은 북한에 매장된 희토류의 개발이었다. 북한에는 철광석은 물론, 리튬, 마그네슘, 텅스텐, 몰리브덴, 아연 등 첨단산업 분야에 두루 쓰이는 희귀 광물들의 매장량이 매우 높은 것으로 추성되었다.

남북 주요광물 잠재가치 비교

남한	주요광물	북한
9조 4,188억 원	금속	500조 8,774억 원
161조 5,166억 원	비금속	1,759조 7,516억 원
40조 1,188억 원	석탄	1,204조 4,103억 원
211조 542억 원	합계	3,465조 393억 원

*자료 : 통일부, 광물자원공사

북한은 겉으로는 공정성을 내세웠지만, 인프라 건설을 지원해 주고 있는 한국의 기업들에게 희토류의 개발에 대한 권리를 전폭적으로 지원해 주었다. 물론 북한 광물개발공사는 자기들 법으로 만든 최소 35%의 지분을 언제나 가져갔지만 말이다.

어느덧 나는 마흔셋이 되었고, 진주도 벌써 초등학교 4학년 학생이 되었다. 그날은 오랜만에 야인 생활을 하고 계셨던 박봉균 전무님, 아니 박봉균 사장님을 만나 세상 돌아가는 이야기를 나누고 있었다.

"서 팀장. 세상 참 알다가도 모를 일이야. 나는 내가 살아 있는 동안에 북한하고 이렇게 교류가 일어날 줄은 생각도 못 했거든."

"하하 그러게요. 저도 정말 신기하다고 느끼고 있어요. 작년 겨울에 가족들하고 금강산 스키장을 다녀왔는데, 정말 몇 년 전 같으면 상상도 못할 일이었죠."

"더욱 놀라운 건 고령화로 저성장에 발목 잡힌 줄 알았던 우리 경제가 북한 젊은 사람들의 일자리 유입으로 다시 활력이 생기고 있다는 거야. 요새 우리 사회를 봐. 건설현장이며, 식당이며, 같은 말 어느 정도 통하면서 인건비 저렴하고 나름 머리 좋은 북한 사람들 고용을 선호하잖아?"

"그만큼 한국 사람들도 단순 일자리는 북한 사람들과 또 경쟁을 해야 해서 쉽지 않은 것 같아요. 아. 그러고 보니 요새는 북한에 진출한 우리 기업들 건설현장으로 떠나는 한국 사람들도 많이 늘었더라고요?"

"요새 우리나라 사람들은 로봇과 경쟁하랴, AI와 경쟁하랴, 이제는 북한 사람들하고까지 경쟁을 해야 해서 삶이 무척 피곤하겠어."

"하하 사장님은 그러실 일이 없으니 좋으시겠네요. 요새 어떻게 지내세요?"

"심심할 틈이 없지. 아침에 눈을 뜨면 달리기 좋은 상쾌한 공기가 기다리고 있는 날들이 많고, 아침을 느긋하게 먹을 여유도 가질 수 있고, 유튜브와 구독 플랫폼에서는 매일 새로운 컨텐츠들이 쏟아진다고 하하. 요새는 스포츠 메타버스에 빠져 근육형 인간 캐릭터를 하나 키우고 있지."

"와…. 부러워요."

"소중하게 생각하는 사람들에게 내가 먼저 시간을 내고 다가갈 수 있고, 신체 어디가 불편하면 병원 갈 시간도 아무렇지 않게 낼 수 있지. 밤 12시에 잉글랜드 축구 이강인 선수 경기가 있을 때에도 다음 날을 걱정하지 않고 생방송 사수를 할 수 있잖아?"

"아…. 저도 축구 좋아하지만 생방송 사수는 꿈도 못 꿔요."

"몸과 마음이 더 늙어지기 전부터 특별한 노동을 하지 않고 생활해 간다는 것은 많은 사람들이 느끼지 못하는 무척 행복한 일이라는 생각이 들더군. 학교 동창들 중에는 판검사, 의사가 되어 사회를 이끌어 가고 영향력을 미치는 이들도 있는데, 그들을 존경하기는 하지만 그들의 시간 없는 바쁜 삶을 특별히 부러워하지는 않지."

"그쵸…. 저도 그분들을 존경하지만, 부러워하는 건 그분들이 아니라 박 사장님이에요. 하하."

"옛날에는 나 같은 사람을 FIRE, Financially Independant Retired Early라고, 파이어족이라고 불렸지. 경제적으로 자산을 불려서 어느 정도의 부를 이룬 뒤, 자산 일부를 수익형화해서 매월 현금을 유입시키고 유유

자적하게 사는 사람들 말이야. 그러고 보니 조금만 더 일찍 은퇴했으면 좋았겠다는 생각이 들어."

"FIRE 중에 Early가 좀 애매하네요. E자 빼고 FIR, 피르족이라고 불러드릴게요. 하하."

박 사장님 얘기를 들으니 그의 여유로운 삶이 무척 부러웠지만, 초등학교 4학년 학생밖에 안 된 진주를 생각하면 우리 집 경제 수준은 아직 갈 길이 멀었다.

물론 SG전자가 출시한 120인치급 거실 벽면형 투명 OLED 디스플레이는 과거의 TV를 완벽하게 대체해 나가며 주가가 더욱 치솟았다는 것은 좋은 일이었다.

또, 비대면 근무, 비대면 학교 수업, 비대면 쇼핑이 일상화되면서 집에 머무는 시간이 많아진 사람들이 다시금 주택에 대한 가치를 재평가하기 시작했다.

날짜 2034.3.31 (가계 재무상태표)

자산		부채	
목록	금액(만 원)	목록	금액(만 원)
화려동 아파트	87,500	태양광 담보대출	2,400
강화도 태양광	35,500		
SG전자 투자	29,200		
현금성 자산	250		
자산 합계	152,450	부채 합계	2,400
순자산	150,050	부채비율	1.6%
전년도 순자산	141,000		
전년 대비 증감	9,050	▲	

[월 현금 유입]	만 원
서영찬 급여	550
한주희 수입 평균	350
강화도 태양광	400
대출 원리금 상환	−14
계	1,286

하지만, 박 사장님처럼 아직 완전히 일을 놓을 만한 상황은 되지 못했다. 무엇보다 현금 유입의 수준이 아직 한참 모자랐다. 더욱 일에 매진해야 할 시기였다.

우리 UAM 연구팀은 탑재 중량을 80㎏까지 늘린 UAM 테스트 비행에 촉각을 곤두세우고 있었다. UAM이 도심형 항공교통인 만큼 도심에서의 활용도가 중요했다. 다만 삼성동의 경우 고층빌딩들이 많고 넓은 공간을 확보하기가 마땅치 않아, 서울시의 허가를 겨우 얻은 끝에 마곡동에 위치한 식물원 광장에서 테스트를 진행하고는 했다.

그러던 그해 6월 어느 초여름 오후, 마곡동 식물원에서는 종교단체로 보이는 서양인들을 주축으로 500여 명의 군중이 대거 모여 있었다.

리더로 보이는 한 남자는 우리들을 향해 영적인 주문을 외기 시작했다.

"And will go out to deceive the nations in the four corners of the earth——Gog and Magog——and to gather them for battle. In number they are like the sand on the seashore. Revelation 20:8."(1,000년이 참에 사탄이 그 옥에서 놓여 나와서 땅의 사방 백성, 곧 곡과 '마곡'을 미혹하고 모아 싸움을 붙이리니 그 수가 바닷모래 같으리라. 요한계시록 20:8.)

그리고 군중들은 피켓을 일제히 높이 치켜세우며 구호를 외쳤다.

"Stop UAM in Magog!"(마곡에서 UAM 연구를 멈춰라!)

혼란스러운 상황은 이것뿐만이 아니었다.

주희의 전화.

"오빠 큰일 났어! 정부에서 개성공단 협력 거점 만든다고, 우리 강화도 태양광 부지를 몰수해서 토지 수용하겠대!"

"그러니까 정부에서 우리 토지를 수용하려고 한다고? 이미 파주에 남북 경제협력 거점이 있잖아."

"모르겠어 오빠. 그거 하나로는 부족한가 봐. 강화도에도 지어야 한대."

"그래 알았어. 일단 최대한 버텨야지 뭐. 나 잠깐 급한 일이 있어서 나중에 자세히 얘기하자 주희야."

문화재 출토 등 우여곡절을 겪어 가며 겨우 마련한 캐시카우였는데, 정부에서 일방적으로 토지를 수용하려고 한다니 도저히 받아들일 수 없었다. 하지만 우선, 눈앞에 닥친 문제부터 먼저 해결해야 했다.

"Look at that! That's the signal of Satan!"(저기를 봐라! 사탄의 형상이다!)

마곡동 식물원에서 주문을 외던 무리들은 근처에서 비행물체를 발견한 한 남자의 외침에 우르르 한 장소로 몰려갔다.

그곳에서는 최다니엘 주임이 부피가 제법 큰 물체를 날리며 시험비행을 하고 있었다.

"You must be Satan! What are you doing here?"(당신 사탄이 틀림없군! 여기서 대체 뭘 하고 있는 거야?)

"최 주임 뭐라는 거냐? 사탄? 지금 저 사람들 화가 많이 난 것 같은데? 뭣 때문에 난리인지 이야기 좀 해봐."

영어에 능통한 최 주임은 그들과 한참 대화를 나누고는 자초지종을 설명해 주었다.

마곡동이 해외에 알려진 계기는 2032년 가을 APEC 정상회담 때였다. 환태평양 국가 정상들은 마곡동 국제회의장에 모여 선언문을 발표하였는데, 세계 언론들은 이 선언문을 'Magok Weather Agreement(마곡 기후 협약)'이라고 불렀다. 해당 국가들이 온실가스 배출을 규제하기 위해서 태양전지 등 친환경 에너지의 확대를 더욱 늘리자는 합의였다.

그러나 문제는 뜻밖의 다른 곳에서 터졌다. 마곡동(Magok)과 이름이 유사한 마곡(Magog)은 요한계시록에 나오는 종말의 상징이었다. 원래는 선했으나 사탄에게 현혹되어 아마겟돈 전쟁에서 천상계와 대적하는 악의 상징이었던 것이다. 공교롭게도 유럽 중세부터 17세기까지 발행한 고지도에서는 마곡의 위치를 유럽에서 먼 동쪽 아시아 지역으로 표시하고 있었다.

"You are the Magog!"(당신이 사탄 마곡이군!)

어이가 없었지만, 친절히 설명을 해줘야 했다.

"최 주임 통역 좀 해라. 여러분, 사탄이라니 당치도 않아요. 이 물체는 자세히 말씀드릴 순 없지만 우리 생활을 편리하게 해줄 물건입니다. 여기 교회, 성당, 절이 있는데 어떻게 사탄이 발을 붙입니까? 궁금하면 직접 가 보세요. 진짜로 교회가 있는지 없는지."

군중들은 잠시 머뭇거리는 듯했지만 설명에도 결국 소용이 없었다. 이윽고 잠시 뒤 경찰병력이 투입되어 강제 해산되고 나서야 비로소 잠잠해졌다. 그 뒤로도 비슷한 사건이 자주 일어나자 서울시는 식물원 내에서의 종교 관련 집회를 원천 불허하였다.

최 주임을 쳐다보니 연구도 잘 진척이 없는 데다가, 뜻하지 않았던 방해까지 받아서인지 기운 없이 축 처진 모습이었다. 국내 배터리 3사가 생산하는 전고체 배터리를 통해 고출력이 구현되며, 무거운 중량물을 비행시키는 것까지는 성공을 했지만, 안전성 문제에서 한 발자국도 나아가지 못하고 있었다. 특히 돌풍, 벼락, 다중 충돌 위기 등의 상황에서 회피 기동을 잘 구현해 내지 못하고 추락을 반복했다.

"최 주임. 뭔가 방법이 있을 거야. 우선 시험비행은 잠정적으로 중단하고 다시 팀원들하고 회피 기동 방법을 연구해 보자고."

"네 서 팀장님…."

그날 일과를 마치고 집으로 돌아오니, 주희 역시 축 처진 모습을 하고 있었다.

"주희야. 뭔가 방법이 있을 거야. 우리가 그 강화도 땅 2,000㎡, 600평 얼마에 샀었지?"

"1억 원 들었지. 하지만 1억 원이 문제가 아니야. 그 위에 설비비가 3억 원이나 들었고, 앞으로 매월 400만 원씩 현금 유입될 걸 생각하면, 절대 못 넘겨 준다고!"

"그래 절대 못 넘겨 주지. 내가 회사 법무팀 변호사님께 개인적으로 자문을 한번 구해 볼게."

다음 날 변호사를 통해 알아보니, 공익사업을 위한 토지 수용은 행정소송을 통해 이의제기를 할 수는 있지만, 그것이 공익사업이 확실하고, 보상 수준이 논리적으로 문제가 없는 이상, 법률적으로 국가에 수용될 수밖에 없는 상황이었다.

"주희야…. 이거 쉽지 않겠어. 토지 수용은 법적으로 무조건이래, 무조건…."

"와…. 눈물 난다. 이게 어떻게 만든 발전소인데….."

"정부에서 제시한 평당 가격이 얼마라고 했지?"

"평당 500만 원. 600평에 꼴랑 3억 원밖에 안 된다구!"

"응? 500만 원이라고? 50만 원이 아니고?"

"50만 원이면 3,000만 원에 가져가겠다는 건데 그건 완전 날강도지. 그래도 양심적으로 500은 쳐주겠다나 봐."

"그러니까…. 펴, 평당 500이고, ㎡당으로 따지면 150만 원을 쳐주겠다는 거지? 확실한 거야?"

"응 맞아. 그렇게 되는 거지."

"주희야…. 500만 원 곱하기 600평은 3억 원이 아니고 3…. 30억 원이야!"

파주에 이어 강화도에 제2의 경제협력 거점을 신속하게 만들고자 했던 정부는 토지 수용 과정에서 행정소송 등 불필요한 기간을 단축하기 위해 토지주들에게 파격적인 보상안을 내세워 속전속결로 토지 매입을 진행하고, 공장, 물류창고, 근로자 숙소 등을 차례차례 건설해 나가기 시작했다.

"오빠. 나 오늘 철거현장 갔다 왔는데 우리 태양전지들이 다 부서져서 너무 마음이 아파."

"음…. 또 지어야지. 부동산 전문가인 한주희 여사님께서 이번에도 좋은 땅을 잘 섭외 부탁해요. 문화재 나오는 강화도는 말고 하하."

하지만, 다행 중 불행은 토지보상비 역시 개인이 국가에 땅을 판 것으로 간주되어, 큰 양도소득세가 부과된다는 점이었다. 사업용 토지로 분류되는 우리 땅 양도차익 29억 원에 대한 세율은 무려 42%였다. 물론 공제와 일부 세금 감면까지 할 경우 그보다는 줄어들지만 그래도 거의 10억 원이 넘는 세금을 부담해야 할 상황이었다.

"오빠. 토지보상비는 반드시 현금으로만 받아야 하는 건 아니야. 일부는 땅으로도 받을 수 있다구! 우리 어차피 태양광 다시 지을 거니까 일부는 땅으로 받으면 조금이라도 절세가 가능할 것 같아."

마침내, 연말 무렵이 되어 토지보상이 실시되었다. 그중 5억 원은 땅으로 받고, 25억원은 현금으로, 그리고 세금 약 8억 8,000만 원을 납부하였다.

날짜 2034.12.31 (가계 재무상태표)

자산		부채	
목록	금액(만 원)	목록	금액(만 원)
화려동 아파트	87,500	태양광 담보대출	2,400
토지보상비 현금	250,000		
토지보상비 양도세	−87,534		
토지보상 대토 1만m²	50,000		
SG전자 투자	28,300		
현금성 자산	250		
자산 합계	328,516	부채 합계	2,400
순자산	326,116	부채비율	0.7%
3월말 순자산	150,050		
3월말 대비 증감	176,066	▲	

[월 현금 유입]	만 원
서영찬 급여	550
한주희 수입 평균	350
대출 원리금 상환	−14
계	886

"오빠. 이번에 느낀 거지만, 투자를 할 때 차후 이익 실현에 대한 세금을 고려해서 투자를 해야겠어. 예전에는 투자 규모가 작아서 세금까지는 생각도 못 했는데…. 이럴 줄 알았으면 강화도 땅 살 때 오빠랑 나랑 공동명의로 해서 세금을 줄이는 건데!"

"하하. 난 세금은 일종의 기부라고 생각해. 각종 기부단체들에 기부를 하면 그 돈이 어디에 어떻게 쓰이는지 투명하지가 않잖아? 그래도 나라에

내는 돈만큼은 취약계층을 돕거나, 인프라를 건설하거나 최대한 필요한 곳에 올바르게 쓸 것이라는 믿음은 있어."

"나도 인정은 하는데 그래도 최대한 절세는 해야지! 세테크!"

"물론이지! 합법적인 절세는 당연히 최대한하고, 절세 후에 나온 세금에 대해서는 떳떳하게 납부하는 게 진정한 기부가 아닐까 하는 생각이야."

"그런 의미에서 오빠. 미성년자한테는 10년 동안 2,000만 원까지 증여 면세가 된대. 지금 진주가 만 10세니까 이번에 2,000만 원을 증여하구, 10년 뒤 성인 면세 기준 5,000만 원을 증여하면 어떨까?"

"좋지~. 그런데 진주 모르게~ 현금보다는 배당형 주식이 좋지 않을까?"

"배당형 주식?"

"응 불황에도 소비되는 필수재이면서, 시장 지배력을 가지고, 사업 지속성이 있는…. 그런 것이 배당형 주식이거든. 자 이제 토지보상도 마무리됐으니, 이번에는 세테크까지 고려를 해서 다시 한번 투자 자산 리어레인지를 해보자."

"좋아 오빠. 신난다~. 나는 투자할 시드머니가 생겨서 그걸 어디에다가 가장 효율적으로 배치할지 고민할 때가 가장 기분이 좋더라."

"하하 나도."

해가 바뀌고, 우리는 서울 입성을 노렸다. 다만 당장 들어가 살기에는 부담이 되고, 우선 화려동에 거주하면서 서울 아파트를 투자로 한 채 장만하기로 했다. 화려동도 인프라가 쾌적했고, 재건축된 신축 아파트라 거주에 불편함은 없었다. 다만, SKY라인이 하루가 다르게 변모해 가는 한강을 품은 여의도는 죽기 전에 꼭 한번 갖고 싶은 대상이었다.

그리고 이번에 대토로 받은 충남 서해안의 2만㎡(6천평) 땅은 강화도 때보다 용량이 크게 증가한 1,000㎾급 태양광발전소를 지을 수 있는 규모였다.

"이정석 상무님. 잘 지내시죠? 이번에 1,000㎾ 태양전지 구매하는데 가격 좀 잘 쳐주세요. 하하 누가 뭐래도 이 상무님은 제 생명의 은인입니다."

"김 사장님. 그동안 연락 자주 못 드려 죄송했습니다. 이번에 1,000㎾급 공사 튼튼하게 잘 좀 진행해 주세요."

날짜 2035.6.30 (가계 재무상태표)

자산		부채	
목록	금액(만 원)	목록	금액(만 원)
화려동 아파트	90,000	여의도 전세 반환금	90,000
여의도 아파트	220,000	태양광 담보대출	110,000
충남서산 태양광 1MW	200,000		
SG전자 투자	10,000		
ST텔레콤 투자	21,200		
현금성 자산	140		
자산 합계	543,340	부채 합계	200,000
순자산	343,340	부채비율	58.3%
전년 말 순자산	326,116		
전년 말 대비 증감	17,224	▲	

[월 현금 유입]	만 원
서영찬 급여	600
한주희 수입 평균	400
서산 태양광	2,000
대출 원리금 상환	−638
주식 배당금 월평균	138
계	2,500

　　늘어난 순자산도 순자산이었지만, 무엇보다 월 현금 유입 규모가 주희와 나의 노동소득을 합쳐서 2,500만 원, 노동소득을 빼고도 1,500만 원 수준에 다다른 것은 아주 큰 의미였다. 회사생활도 전에는 눈치를 많이 보면서 일했다면, 자산 리어레인지 이후에는 보다 더 소신껏 당당하게 일할 수 있게 되었다.

"주희야. 우리가 이대로 열심히 일해서 월 소득 벌고, 태양광 전기수입과 배당금 잘 모으다 보면, 한 5~6년 뒤에는 태양광 담보대출 11억 원은 전부 상환이 가능할 것 같아."

"하하 그렇게 되나? 나도 힘낼게. 오빠도 파이팅이야!"

주희가 파이팅을 외쳐 줬지만, 전날에도 테스트 비행 중이던 UAM 한 대가 갑작스러운 돌풍에 부력을 잃고 또 추락해 버렸다. 테스트 한 대 가격만 억대가 넘어, 추락할 때마다 회사 손실이 증가하는 것이었고, 아무리 소신껏 당당하게 일한다고 해도 연구비를 축내는 조직 취급을 받으며, 회사 눈치가 보이는 것은 어쩔 수 없었다.

초여름 저녁의 야외 테라스.

나와 최 주임은 더워진 날씨에 치킨을 맴도는 파리만 쫓으면서, 뾰족한 해답을 찾지 못하고 맥주로 스트레스를 풀고 있었다. UAM이 가장 중요하

게 확보해야 할 것은 첫째도 둘째도 안전이었다.

　비행 환경 속에서 예측하지 못한 돌발상황에 대한 대처가 필요했다. 갑작스러운 강풍에 휩쓸리거나 번개를 맞아도 자세를 곧 바로잡을 수 있어야 했고, 다른 UAM, 드론, 여객기, 새 등 빠른 물체가 순간 접근할 경우 이를 피할 수 있어야 했다.

　"최 주임이 생명공학과를 나왔다고 했나?"

　"네⋯. 제가 물론 융복합 전공이라서, 물리학과 기계공학도 같이 배우기는 했거든요. 그래도 생명공학이 메인인 한계가 있는 걸까요?"

　"아니야. 난 우리 연구가 언젠가는 성공할 거라는 걸 믿고 있어. 최 주임도 너무 낙심하지 말라고."

　"팀장님!"

　"응?"

　"파리! 파⋯. 파리요!"

　"왜? 파리가 또 나한테 붙었어? 아직 본격적인 여름도 아닌데 왜 이리 파리가 벌써부터 극성이지⋯."

"서 팀장님. 파리는 팀장님 젓가락에 붙어 있어요. 손으로 잡으시면 만 원 드리죠."

"호오…. 진짜지? 좋아…. 간다!"

손으로 재빨리 파리를 향해 내리쳤지만, 파리는 금방 낌새를 알아차리고 도망가 버렸다.

"팀장님. 저 파리의 반사신경, 비행기술 놀랍지 않나요? 제가 발견한 게 바로 이겁니다!"

최 주임이 발견한 것은 파리의 완벽한 반사신경과 비행기술, 자세 제어 능력이었다. UAM이 그토록 원했던 것을 바로 파리가 가지고 있었던 것이 었다.

이때는 이미 게놈 프로젝트를 통해 인간 유전자의 배열이 모두 밝혀졌으며, 인간 외에도 여러 동·식물들에 대한 유전자 분석이 완료되었던 시대였다. 인간 DNA를 활용해 질병에 걸린 장기를 본격적으로 배양장기나 인공장기로 교체하기 시작하던 시대. 인간의 장수는 누군가에게는 축복, 누군가에게는 저주였다.

우리 팀은 곧바로 다음 날부터 파리의 DNA 중 반사신경 및 비행기술과 관련된 부분을 추출해 UAM 소프트웨어에 접목시키는 프로젝트에 돌입했다. 우리는 자체 개발보다는 외부 협력을 통해 프로젝트를 진행하기로 했다. 외부 바이오 회사 중 기술력과 적극성을 가진 곳 하나를 선정해 파트너십을 체결하고, 본격적으로 기술 개발을 드라이브해 나가기 시작했다.

그로부터 약 1년 후 2035년, 파리의 반사신경과 비행기술 DNA를 UAM 소프트웨어에 이식하는 데 사실상 성공했다. 이제 최종테스트와 허가만 남은 단계였다.

1년 전 파리를 쫓던 그 야외 테라스에 우리는 다시 한번 모여 자축을 하고 있었다.

"최 책임 축하해. 이게 다 자네 아이디어에서부터 출발한 거나 마찬가지야."

"아닙니다…. 서영찬 상무님 지원과 격려가 없었다면 절대 불가능했을 겁니다."

그때 테라스에 설치된 대형 스크린 화면에서 나오는 뉴스 속보.

"뉴스 속보입니다. 일본이 외무성 발표를 통해 독도를 일본의 영토로 공식 선포하였습니다. 내일부터 구축함을 독도에 파견해 순찰 및 경계를 시행한다고 밝혔습니다. 또한 자신들의 구축함에 전투기기가 진입할 경우 이를 선전포고로 간주하고 격추시킬 것을 엄포하였습니다."

"헐 서 상무님! 독도는 원래부터가 우리나라 땅 아니에요?"

"일본은 늘 지진 공포증이 있어서 섬을 떠나 한국으로 들어가야 한다는 무의식이 저변에 깔려있고, 그걸 실천에 옮기려는 정치인들이 계속 나온다더군."

다음 날 국방부 회의실.

"자⋯. 오늘 와후스페이스분들을 모시게 된 건 다름 아니라 일본의 독도 도발에 대응하기 위해서입니다. 서영찬 상무님 참석해 주셔서 감사드립니다."

"아닙니다. 저희가 뭐라도 도울 게 있으면 도와야죠."

"일본의 구축함을 요격해 파괴할 수는 있으나, 이것은 전면전을 의미합니다. 그래서 우리가 생각한 방법은 최근 새로 개발한 경량 EMP탄을 사용해 적들의 구축함을 영구 무력화시켜 사실상 쓸모없는 배로 만드는 것입니다. 이를 위해서는 구축함에 접근해서 EMP탄을 발사할 수 있는 UAM이 있어야 하고, 또 그 UAM은 일본의 발칸포를 회피할 수 있어야 하죠. 가능하겠습니까?"

"저희가 웬만한 회피 기동에 있어서는 자신있습니다만⋯. 발칸포 날아가는 속도가 어느 정도죠?"

"초속 1,000m입니다. 시속 3,600㎞, 음속의 약 3배입니다."

"예에? 그⋯. 그건 너무 빠른데요. 일반적인 UAM이라면 절대 못 피할 것이고, 저희 UAM도 파리 DNA를 이식해 반사신경을 획기적으로 증가시켰지만 그 속도는 너무 순식간입니다. 파리도 파리채로 잡힐 때가 있듯이 피할 수 없어 보여요."

"그래서 저희 국방과학연구소가 센서를 하나 개발했습니다. 발칸포가 발사되기 직전에 포신이 돌아가면서 급탄을 하는데, 포신이 돌아가는 걸 미리 감지해서 알 수 있게 하는 거죠. 이것이라면 도움이 될까요?"

"아…. 네. 그거라면 혹시 모르겠습니다. 하지만 실전 배치를 하기 전에 우리 발칸포로 사전 테스트를 해봐야 할 것 같습니다."

일본은 예고대로 다음 날부터 구축함을 독도에 파견해 순찰 태세에 돌입하였다. 하지만 우리는 독도는 한국 땅이라는 반대 성명만 발표한 채 별다른 대응을 못 하고 있는 상황이었다.

그로부터 약 보름 후.

울릉도에 집결한 군과 우리는 센서와 EMP탄, 그리고 카메라를 탑재한 UAM 12대를 90㎞ 떨어진 독도를 향해 날려 보냈다.

"자. 공격도 공격이지만 일본 반응을 파악해야 하니 녹화와 녹음도 차질 없이 진행하기 바란다!"

"네!"

잠시 후 우리가 모여 있는 울릉도 관제실 디스플레이에 UAM에서 촬영한 일본 구축함의 영상이 서서히 들어왔다.

"일본이 예고한 대로 한다면, 아마 이 정도 거리에서 발칸포 선제 사격이 들어올 것이다! 우리가 먼저 공격하지 않고 발칸포 사격을 기다렸다가 진행한다!"

역시 곧 일본의 예고대로 우리 UAM을 향해 발칸포가 집중적으로 날아오는 화면이 디스플레이에 잡혔다. 하지만, 이미 국내에서 테스트를 마친 우리 UAM은 일본의 발칸포를 여유 있게 피하면서 공간을 자유자재로 날았다.

"자. UAM 1기부터 3기까지 EMP탄 발사!"

디스플레이 화면에서는 EMP탄이 3발이 날아가다가 일본의 구축함 상공에서 성공적으로 폭발하는 장면이 비춰졌다. 그리고 일본의 방호벽이 무력화된 것을 확인하고, 일본에 대한 감청을 즉각 실시했다.

"아아! 나니모 우가나인데스. 스부테노 키키가 코카이시테 싸마타난데스."(으악! 아무런 작동이 안 됩니다. 모든 장비가 다 먹통이에요.)

우리 군은 미리 준비한 작전대로, 곧바로 세종대왕함과 정조대왕함을 파견했다. 먹통이 된 일본 구축함을 포위한 채, 선내로 진입해 일본군 300여 명을 생포한 뒤 서울 구치소에 수감시켰다.

그리고 곧바로 신속하게 재판을 열었다. 우리 법원은 국제형사재판소 관할 범죄의 처벌 등에 관한 법률 제11조에 따라. 우리의 영토와 재산을 약

탈한 것으로 판결하고, 일본군 300여 명에 대해 무기징역에서 징역 3년까지 골고루 선고했다. 그리고 즉각 교도소로 이감시켰다.

북한은 그 무렵 한국과의 협력을 통해 경제를 발전시켜가고 있었으며, 일본이 한국 본토를 공격할 경우 일본에 핵 공격을 가하겠다는 으름장을 놓은 상태였다. 한국과 북한에 미군을 주둔시킨 미국도 역내의 문제는 역내 국가끼리 알아서 해결해야 한다는 입장이었다. 우리랑 유사하게 일본과 영토분쟁을 겪고 있던 중국도 일본보다는 한국에 더 우호적인 입장이었다.

다급해진 일본은 재차 무력도발보다는 협상을 선택했고, 협상단을 한국에 파견시켰다. 그리고 한 달여가 지나자 일본은 총리 담화를 실시했다.

"뉴스 속보입니다. 일본 총리가 독도 침공과 관련한 담화를 이제 발표 시작합니다. 함께 들어 보시죠."

"안녕하십니까. 먼저 한국민들에게 깊이 사과드립니다. 이번 사태는 일본 외무성 장관의 돌발적인 결정이었으며, 동맹을 해하려 한 죄를 엄중히 물어 외무성 장관을 처벌할 예정입니다. 그리고 앞으로는 이러한 일이 다시 발생하지 않을 것이며, 독도는 확실하게 한국의 영토임을 밝힙니다. 제가 지금 발표한 이 순간부터 일본의 어느 누구라도 독도에 대해 영유권을 다시 주장할 경우 동맹에 대한 도발로 간주하고 처벌할 것입니다."

며칠이 지나지 않아 우리 대통령은 일본군 300여 명에 대해 사면 결정을 내렸으며, 이와 동시에 본국으로 추방시켰다.

　몇 달 후 광복절 기념식장.

　"자 다음 순서로 대통령께서 국가 유공자에 대해 포상을 하시겠습니다. 호명하시는 분들은 앞으로 나와 주시기 바랍니다. 을지 무공훈장 수상자 서영찬."

그리고 와후스페이스 인사통보.

    ㅇ 상무 → 전무: 서영찬
    ㅇ 책임 → 팀장: 최다니엘
    - 인사팀 -

"와···. 우리 남편. 정말 대단해. 우리 가문이 훈장을 받게 될 줄이야!"

"하하···. 나 60세 이상부터는 매달 50만 원씩 무공영예수당도 받아. 또 나중에 국립묘지에도 묻힐 수 있다고."

"뭐야! 나 놔두고 혼자 국립묘지에 묻히겠다고?"

"주희 바보. 배우자도 같이 국립묘지에 가는 거야 하하."

어느덧, 우리 순자산은 50억 원을 돌파했다. 서른두 살 때 주식투자 실패로 인생의 나락까지 경험했던 나로서는 전혀 상상하지 못했던 순간이었다.

날짜 2036.6.30 (가계 재무상태표)

자산		부채	
목록	금액(만 원)	목록	금액(만 원)
화려동 아파트	134,000	여의도 전세 반환금	90,000
여의도 아파트	296,000	태양광 담보대출	64,000
충남서산 태양광 1MW	185,000		
SG전자 투자	13,800		
ST텔레콤 투자	23,200		
ST텔레콤 투자(진주 증여)	2,200		
현금성 자산	250		
자산 합계	654,570	부채 합계	154,000
순자산	500,570	부채비율	30.8%
전년 말 순자산	343,340		
전년 말 대비 증감	157,230	▲	

[월 현금 유입]	만 원
서영찬 급여	1,500
한주희 수입 평균	500
서산 태양광	2,000
대출 원리금 상환	−380
주식 배당금 월평균	152
계	3,772

　이 과정에서 투자의 운도 많이 따라 줬고, 주변 좋은 사람들의 조언을 통해서 성장해 왔지만, 무엇보다 반드시 부자가 될 것이라는 믿음, 그리고 그때의 가난함을 인정하고 악착같이 지출을 줄여 모은 시드머니가 가장 큰 역할을 해왔다고 말할 수 있을 것 같다.

10월의 어느 날, 거세게 내리던 비와 구름은 그치고 햇살이 비치기 시작했다.

자율주행차에서 내려 탄천 축구장에 도착하자, 그곳에는 주희와 진주가 반갑게 기다리고 있었다.

"아빠 왜 여기서 보자고 했어?"

"어…. 아빠가 회사에서 뭘 받기로 했어. 여기로 온대. 어. 아! 저기 오시네."

짙은 남색 양복을 말끔하게 차려입은 회장님이 다가오셨다.

"서 전무. 우리 UAM의 1호 주인이 된 것을 축하하네. 한 달 휴가를 줄테니 푹 쉬고 오라고. 다녀오면 다음 과제가 기다리고 있을 거야."

회장님은 내 어깨를 두어 번 두드리며 악수를 청했다. 전 세계 언론들은 와후피셀의 상업용 UAM 출시를 대서특필하며 탄천 축구장의 모습을 실시간 SNS 기사를 통해 내보냈다.

모델명 'Wowhoo Paris 1'.

에펠탑의 철 구조물 사이를 자유자재로 통과하는 모습을 보여주며 전 세계 각종 미디어를 통해 홍보를 마친 세계 최초의 UAM이었다.

"주희야 우리 어디로 갈까?"

"음···. 금강산 리조트?"

"좋아요 엄마!"

우리 세 식구를 태운 UAM은 탄천 축구장을 디디고 서서히 날아올랐다.

비구름을 깨치고 밖으로 나온 태양을 배경으로 북쪽 한강을 가르며 힘차게 날아갔다.

----- THE END -----

여기까지 타이핑을 마무리한 나는 서둘러 약속장소로 향했다. 소설 형식을 빌려 휴가 중 짬짬이 쓰던 회고록을 이제 마무리한 것이었다. 은퇴 후에는 여행도 자주 다니고 틈틈이 글을 쓰며 작가 생활을 하고 싶었다. 문득 이런 생각이 들었다.

'이 회고록이 뒤늦은 것은 아닐까. 좀 더 일찍 알려져서 필요한 누군가에게 도움이 되었으면 좋았을 것을….'

내가 향한 곳은 삼성동의 한 재건축아파트 분양설명회 현장이었다. 한 중년 여성이 열심히 설명을 하고 있었다. 한국인들은 물론, 돈이 넘쳐나는 중국인들도 자리를 많이 채우고 있었다.

"여러분~. 여의도, 목동, 상계, 분당, 일산, 부천 아파트들이 재건축되면서 누구나 살고 싶어 하는 고급 아파트로 변신한 것 다 아시죠? 근무, 학습, 쇼핑이 비대면으로 이뤄지면서 집에 머무르는 시간이 많아지다 보니 다시 주택의 가치가 오르고 있어요."

여자가 청중들에게 물었다.

"여러분. 세계에서 연봉이 가장 높은 기업이 어디? 전 세계 시가총액 1위 기업 어디?"

"와후스페이스요~."

"네 이 아파트는 와후그룹의 강력한 후광을 입게 돼요. 요새 트렌드에 맞춰서 에너지독립, 전기요금 제로 아파트로 설계했어요. 아파트 상부, 측면부에 태양전지를 대거 도입하고, 지하 4층에는 고밀도 배터리를 탑재했죠. 각 가정과 지하 주차장 바닥 면에는 무선충전 시스템이 구축이 돼 있어요."

"와…."

"여러분은 더 이상 콘센트 구멍을 찾아 헤맬 필요가 없습니다. 청소기든, 면도기든, 밥솥이든, 냉장고든 이미 대부분의 가전제품에는 전선이 사라졌잖아요? 그냥 거실에 제품을 올려 두면 저절로 무선충전이 되니 기존아파트처럼 무선충전 시스템을 별도 비용을 들여 구축하실 필요가 없습니다."

세상은 많이 변해 있었다. 한국전력은 비상시를 대비해 예비 전력을 공급하는 기능으로 위상이 추락했다. 석유는 더 이상 자동차의 연료로는 사용되지 않았다. 많은 주유소 기업들이 문을 닫거나 다른 업종으로 전환했다. 전자제품의 모든 전선이 사라지고, 어린이들의 장난감에는 리튬이온 배터리가 탑재되어 교환이 필요 없이 반영구적인 사용이 가능했다.

나는 설명을 마친 중년 부인에게 다가갔다.

"하하 주희 약장수가 다 됐네?"

"하하 당신도 참…. 회고록은 다 썼어요? 맞다! 회사에서 다음 연구과제
는 뭐래요?"

"응? 연구과제? 비밀인데….”

"빨리 말해 봐~."

"어. 시간여행에 대한 연구래…. 혹시 모르지…. 연구가 성공하면 과거
의 누군가에게 회고록을 전달할 수 있을지도….”

주희를 바라보며 빙긋이 미소를 지었다.

1년 6개월 후…. 2037년 12월. 거실에서 주희가 진주를 부르는 소리가
들렸다.

"진주야~. 여기 뉴스 봐봐!"

"왜 엄마? 뭔데?"

'와후스페이스 신임사장에 서영찬 씨 내정. 시간여행 실마리 발견 높이 평가'

----- 완결 -----

명대사 모음

◆ "자본주의에서 살아가는 사람들은 자본의 속성을 알아야 하지. 그건 회사에서 가르쳐 주지 않는 거야. 내가 '회사 선배'로서 역할은 서 주임 같은 후배들이 열심히 일해 조직의 성과를 내게 만드는 거네. 하지만 '인생 선배'로서 말하자면 자본에 대해 눈을 떠야 한다는 말을 해주고 싶군." — 박봉균(#3)

◆ "난 벌써 거의 20년째 돈을 벌어 오고 있네. 돈 번 지 5년밖에 안 됐으면서 부자가 안 되었다고 불평하는 건 세상에 대해 너무 건방진 거 아니야? 세상이 우습나?" — 박봉균(#3)

◆ "자네의 자산이 늘어나는 건 아주 간단해. 서 주임 이번 달 자산은 지난달 자산+월급−지출이야. 여기서 +를 늘리고 −를 줄이면, 자산은 늘어나게 되어 있지." — 박봉균(#3)

◆ "현생인류를 호모 사피엔스라고 하잖아. 지혜로운 사람이라는 어원인데, 현대 자본주의 체제에서 살아가는 사람들은 모두 경제적인 사고와 행동을 하고 살아간다는 뜻에서 특별히 현생인류와 구분되게 호모 이코노미쿠스(Homo Economicus)라고 부르지." — 박봉균(#5)

◆ "복창해. 나는 지금 존나게 가난하다. 하지만 반드시 부자가 될 운명이다."
— 박봉균(#5)

◆ "예전의 취미가 유튜브에서 자동차나 신상 전자제품, 운동화를 구경하는 것이었다면, 이때의 취미는 자산 불리기로 바뀌어 있었다. 한 달 한 달 늘

어가는 숫자가 그렇게 재미있지 않을 수 없었다." – 서영찬(#6)

◆ "인스타그램이나 페이스북에서 누가 뭘 사고, 뭘 먹고, 어딜 가고 하는 것
들도 크게 관심이 없어져서 접속 빈도도 크게 줄어들었다. 왜냐하면 그때
의 나는 가난했지만 반드시 부자가 될 운명이라고 생각했기 때문에 남들의
소비에 크게 관심이 없어져서였다." – 서영찬(#6)

◆ "긍정적인 마음은 건강한 체력에서 나오는 거야. 이렇게 달려 봐. 세상이
얼마나 아름답냐. 스스로한테 자신감도 생기고 말이야. 이게 다 호모 이코
노미쿠스를 위한 활동이라고." – 박봉균(#6)

◆ "그렇게 나는 오늘도 열심히 달리고 있다. 그리고 내일도 달릴 것이다."
– 한주희(#7)

◆ "서 주임도 1990년 짜장면값이 2,000원쯤 됐을 거라고 예상하는 걸 보면
이미 자네 말에 무슨 문제점이 있는지 알고 있다는 거잖아? 바로 화폐의
가치는 시간이 갈수록 하락한다는 것. 바꿔 말하면 화폐는 시간가치를 갖
는다는 사실을 말이야." – 박봉균(#8)

◆ "보통 여신금리는 물가상승률보다 높고, 수신금리는 물가상승률보다 낮은
게 일반적이야." – 박봉균(#8)

◆ "사업소득이 없는 직장인이 물가상승률 이상으로 돈을 많이 벌기 위해서는
월급에서 남겨 모으는 돈, 즉, 노동소득의 가처분소득을 늘리고, 자본소득
을 극대화하는 방법밖에 없지. 그리고 자본소득의 핵심은 대한민국에서는
부동산 같은 자산 투자와 주식이나 채권 같은 금융 투자야. 아가씨가 경제

인간이라면 서 주임의 재산과 월급을 보는 건 아주 자연스러운 일이지."

— 박봉균(#8)

"집에 가서 BPS와 EPS가 뭔지 공부나 해봐. 본인이 확실히 이해해서 다른 사람에게 설명할 수 있을 정도가 될 때까지 말이야. 그게 주식투자의 첫걸음이니까. 이것도 모르고 주식투자를 한다는 건, 똥인지 된장인지도 구분 안 하고 마구마구 찍어 먹는 것과 똑같지." — 박봉균(#8)

"BPS는 바로 Bookvalue Per Share. 즉, 1주당의 재산(순자산) 가치를 나타내는 지표였다. 순자산은 전체 자산에서 부채를 뺀 것이고, 기업의 순자산 전체 규모는 너무 크기 때문에 이를 주식 수로 나눠서 나타낸 BPS값은 순자산 가치를 파악하기 용이한 방법이었다. 즉, 회사의 재산 상태를 파악하는 지표였던 것이다." — 서영찬(#8)

"반면 EPS는 Earning Per Share. 즉, 재산 상태가 아니라 지난 1년간의 이익을 측정하는 지표였다. 사람으로 치면 그 사람의 재산이 아니라 연봉이 얼마나 되나, 연봉에서 소비를 빼고 남는 돈은 얼마나 되나를 측정하는 지표였다." — 서영찬(#8)

"자네가 만약에 말이야 10억 정도를 들여서 창고를 하나 산다면, 그 땅값이나 건물값 같은 재산 가치를 봐야 하겠지? 주변 시세도 보고? 10억이나 투입하는데 그게 적절한 가격인지를 알아야 할 거 아니겠어? 하지만 그보다 중요한 건 창고가 화주들의 보관 수요가 얼마나 많은지, 돈을 잘 벌고 있는지를 따져 보는 거야. 이렇게 순자산 가치와 순이익 가치를 따져 보는 건 주식투자뿐만 아니라 모든 분야의 투자에 있어서 가장 기본이지."

— 박봉균(#8)

◆ "그래. 사람들이 모두 똑똑하고 이성적으로 사고할 것 같지? 하지만 대부분의 사람들은 가격이 오르면 계속 오를 것처럼 환호하고, 가격이 내리면 계속 더 내리면 어떡하나 공포에 짓눌리게 되지. 거의 대부분이 모두가 환호할 때 비싸게 산 다음에, 가격이 하락하고 난 후에야 눈물을 머금고 팔아서 손해 보는 반대의 행동을 한다고. 아무리 좋은 종목을 고르면 뭐 해? 쌀 때 사서 비싸게 팔아야 의미가 있는 것 아니겠어?" - 이정석(#9)

◆ "우리나라 국민총생산, 소비자물가, 아파트값, 코스피지수는 꾸준히 우상향해오긴 했지만, 매년 5%씩, 3%씩 똑같은 수치로 성장해 오지는 않았어. 어떤 해는 확 올랐다가, 어떤 해는 조금 오르거나 오히려 감소하는 해도 많지는 않지만 분명 존재해 왔지. 그게 왜 그런지 알아? 경기는 순환을 하기 때문이야." - 이정석(#9)

◆ "대표적인 게 금리 추이지. 너무 경기가 과열되면 금리를 올리고, 경기가 죽어 있으면 금리를 내리잖아? 하지만 금리는 뒤따라오는 후행 지표라서, 주식투자의 지표로 삼기에는 너무 늦어. 금리는 실물경기보다 뒤늦게 적용을 하고, 주가는 실물경기보다 앞서서 선반영되거든." - 이정석(#9)

◆ "내일의 주가, 한 달의 주가는 사실 예측이 불가능하니까요. 하지만 긴 사이클에서 본다면 말이죠…. 코스피 PBR이 0.8까지 내려왔다면 길게 봤을 때 아래로 내려갈 공간보다는 위로 올라갈 공간이 더 크다고 볼 수 있어요. 즉, 시간이 걸릴 뿐이지 0.8까지 내려간 PBR이라면 반드시 1.0 수준 이상으로 회복되게 되어 있습니다. 그래서 주식도 장기투자를 해야 한다는 이유 중의 하나가 바로 그거예요." - 이정석(#9)

◆ "됐네요. 없네요. 그럼 저 말할게요. 저 서 주임님을 좋아하는 것 같아요."
        - 한주희(#10)

◆ "지나간 BPS, EPS보다는 선행 BPS, 선행 EPS가 훨씬 중요한 거야. 선행 PBR, 선행 PER을 봐야 한다고." — 박봉균(#10)

◆ "당연하지. 따라 해봐! 투자는 미래 예측의 정확성을 높이는 활동이다."
　　　— 박봉균(#10)

◆ "제일 미련한 게 과거에 얽매여 있는 사람들이지. 과거의 대표적인 지표가 뭐지? 바로 주식 차트지. 주식 차트에만 의존해서 투자를 한다는 것은 마치 눈 온 날 마트에 갈 때 지나온 눈 발자국을 보면서 마트를 찾아가는 것과 같아. 자동차 앞 유리를 보면서 운전을 안 하고, 백미러만 응시한 채 앞으로 운전해 나가는 것과 같지." — 박봉균(#10)

◆ "과거의 BPS, EPS, 그리고 경기순환은 투자를 하는 데 있어서 기본적으로 짚고 넘어가야 할 포인트이지만, 그보다 훨씬 더 중요한 것은 산업변동의 거대한 흐름을 놓치지 않는 거야." — 박봉균(#11)

◆ '이러한 자동차 산업의 변화는 앞으로 운전기사라는 일자리를 없애고, 자동차 정비소도 크게 줄어들겠구나…. 지하철과 경쟁을 하게 된다면 속도가 느린 지하철 노선은 오히려 불리할 수도 있겠는데…? 그리고 보니 전기차는 석유의 사용량도 감소시키겠군…. 아! 이런 걸 산업변동이라고 하는 건가? 그래 이건 산업변동이야. 바로 모빌리티 혁명이라고!' — 서영찬(#12)

◆ "액츄에이터를 이용해 동작도 진짜 강아지처럼 뛰고 달리고 점프하게 하고, 표면에도 실리콘 소재에 털을 입혀 강아지와 똑같은 느낌을 갖게 하는 것이 저희의 목표입니다. 에너지는 리튬이온 배터리를 사용하는데 배터리가 다 떨어져 가면 스스로 충전구를 찾아 자동충전 가능하도록 만들 생각

입니다." – AI-PET 사장(#13)

❖ "기후위기는 미래의 이야기가 아니라 직면하고 있는 현실입니다. 앞으로
는 기업이 단순히 이윤을 잘 벌어들이고 있느냐가 아니라, 기후위기 대처
에 얼마나 동참하고 있는지가 기업 가치의 평가의 중요한 기준이 될 것입
니다." – 세미나 연사(#14)

❖ "만약에 나라면, 최종 지질조사 결과가 아니라, 중간 지질조사의 추정치가
어느 정도 윤곽이 나왔다거나, 최소한 지질조사 전문가가 다녀가 금이 있을
확률이 높다는 말을 들었을 때 투자를 결심할 거야. 이게 바로, 로우 리스크
(Low Risk), 미디엄 리턴(Medium Return) 전략을 추구하는 거야." – 박봉균(#15)

❖ "금광에 관심이 가면 지질조사 전문가를 만나러 가야 하고, 교통망이 신설
될 토지에 관심이 가면 담당 공무원을 붙잡고 늘어져야 하는 거라고. 관심
이 가는 주식 종목이 생기면 회사가 발행하는 정기보고서를 정독하고 IR
담당자에 집요하게 물어봐야지." – 박봉균(#15)

❖ "그래서 10년 뒤에 성장하고 발전할 회사를 찾는 것은 주식투자에서 아주
중요하지만, 그 전제는 당장 망하지 않을 회사라야 한다는 거야. 당장 망하
기 직전인데 10년 뒤 미래가 그럴싸하면 무슨 의미가 있겠어? 그래서 회
사의 지나간 재산 상태와 이익을 따져 보는 것은 기본적으로 중요한 거야."
    – 박봉균(#15)

❖ "결혼해. 우리." – 한주희(#16)

❖ "난 오빠 재산보다 오빠의 가능성에 베팅한 거라고." – 한주희(#16)

'자본주의의 가장 중요한 특징은 보이지 않는 손이 아니라 빈익빈 부익부야. 서 주임이 월급 가지고 허덕이는 동안 100억을 가진 사람은 은행에만 넣어 놔도 1년에 2, 3억 원의 현금이 생기지. 똑같이 주식투자로 10%의 수익률을 올려도 그 사람은 10억의 수익을 올리는 거라고.' — 박봉균(#17)

'서 주임. 그래서 기회가 있을 때 자산을 불려 놓는 시도를 할 필요가 있어. 여러 걱정 때문에 자산 불리는 시도조차 하지 않고서는 결국 빈익빈의 빈을 벗어나기 어렵다는 걸 명심해. 참고로 우리나라에 집을 가졌다고 해서 전부 다 부자는 아니지만, 대부분의 부자들은 자기 집을 가지고 있지.' — 박봉균(#17)

"그럼 더 이해하기 쉽게, 재건축이 가능한 아파트와 재건축이 불가능한 아파트. 재건축이 가능한 아파트는 오래될수록 돈이 되지만, 재건축이 불가능한 아파트는 오래될수록 가치가 떨어지는 거예요." — 부동산 사장(#18)

"아파트의 가치는 바로 땅값+건축비+현재 이용가치+기대 이용가치로 정해지는 거예요." — 부동산 사장(#18)

"올려야지 위로. 그래서 지금 지어져 있는 아파트의 용적률은 몇%인지, 지자체 용적률 제한 조례는 몇%인지를 봐야 하는 거예요." — 부동산 사장(#18)

"네 맞습니다. 바로 유부초밥만 다섯 개가 남게 되겠죠. 이 말은 참치 오도로 초밥이나, 도미 초밥은 인구감소에 큰 영향을 안 받는다는 얘기예요. 남아 있는 다섯 명은 여전히 참치와 도미를 고른다는 얘기예요. 즉 지금 사람들 간의 양극화가 점점 심해지듯이, 부동산도 일자리와 인프라 중심으로 양극화가 심해질 겁니다." — 엄마곰(#19)

◆ "호호…. 아파트 가격이 떨어질 걸 생각하는 건, 앞으로 새우깡 가격이 떨어질 걸 생각하는 것과 정확하게 같아요." – 엄마곰(#19)

◆ "우리 제도에서 가장 아쉬운 부분 중의 하나는, 부동산이든 주식이든 양도소득세를 매길 때 장기보유에 대한 공제가 거의 유명무실하다는 것이에요. 물가상승 현상을 부정하는 반시장적인 제도죠. 예를 들어 압구정 현대아파트를 40년 전에 1억 원을 주고 샀는데 지금 40억 원이라면, 39억을 번 건가요? 아니면 그냥 물가가 40배 오른 걸까요? 만약 39억을 번 것으로 여겨서 양도소득세 45%인 18억을 세금으로 떼 간다면 억울할 것 같다는 생각 들지 않아요?" – 엄마곰(#20)

◆ "부동산은 바로 최고의 레버리지* 투자 수단입니다. 한마디로 부의 추월차선에 올라탈 수 있는 방법이에요." – 엄마곰(#20)

◆ "그렇죠. 무려 자기자본의 열 배를 투자할 수 있는 것이 바로 분양권 투자입니다." – 엄마곰(#20)

◆ "부동산 투자라는 것은 기본적으로 어느 지역에 인프라가 모이고 발달하면서 땅값이 올라가는 현상에 투자하는 것이거든요? 기본적으로 발전 가능성이 있는 지역에 투자하는 것입니다. 그 안에서 분양권 전매, 빌라 갭투자, 재건축, 재개발하는 것들은 투자의 종류이고 기법일 뿐이지 본질적인 투자 핵심은 아니에요." – 엄마곰(#21)

◆ "도시는 재생 순환이 됩니다. 아무것도 없던 곳에 신도시가 생기기도 하고, 과거 탄광 도시였지만 몰락하기도 하는 것이죠. 서울도 낡은 곳은 새롭게 지어지고요. 새로운 공원과 지하철역이 들어서기도 하죠." – 엄마곰(#21)

◆ "그렇죠. 철도와 지하철의 미래 노선도를 항상 머릿속에 외우고 다니세요. 특히 고속화가 예정되어 있는 GTX는 부동산 지도를 크게 바꿔 줄 겁니다." – 엄마곰(#21)

◆ '인간이 할 수 있는 일들이 없어진다면 어떡하지…. 결국 노동소득은 한계가 오게 되어 있어. 인간의 역할이 줄어들기 전에 자본소득이나 사업소득을 창출하는 시스템을 빨리 만들어야 할 텐데….' – 서영찬(#23)

◆ "첫째, 저성장 국면이 지속되는 경우지. 이럴 때는 주식, 부동산 같은 자산의 가격이 잘 오르지 않기 때문에, 매월 유입되는 현금이 무척이나 가치가 있다고." – 박봉균(#24)

◆ "사실, 사람 한 명 한 명을 경제적 주체로 본다면, 결혼은 일종의 M&A 같은 거거든? 각 경제 주체가 서로 만나 하나가 되어서, 새로운 가정이라는 경제 단위로 다시 태어나는 거지." – 박봉균(#25)

◆ "웃기고 있네. 회사 다니는 이유를 내가 정의해 주지. 회사를 다니는 이유는 바로 회사를 안 다니기 위해서야." – 박봉균(#25)

◆ "이것은 국민들 대부분이 동의한 내용이라는 게 중요해요. AI의 윤리 기준은 결국 사람들이 세우는 것입니다. 이래서 정치참여는 중요한 거예요." – 엄마곰(#26)

◆ "은행 예·적금 들 때나 대출할 때는 0.1, 0.2% 금리에 엄청 민감해하면서, 주식 거래세 0.2%는 왜 아무렇지 않게들 생각하는지 모르겠어. 그것도 하루에 두세 번씩이나 사고팔다니…. 0.2를 우습게 보면 안 된다고. 그게 모

이고 쌓이면 큰 금액이 되는 거야." – 서영찬(#27)

◆ "옛날에는 나 같은 사람을 FIRE, Financially Independant Retired Early라고, 파이어족이라고 불렀지. 경제적으로 자산을 불려서 어느 정도의 부를 이룬 뒤, 자산 일부를 수익형화해서 매월 현금을 유입시키고 유유자적하게 사는 사람들 말이야." – 박봉균(#28)

◆ "500만 원 곱하기 600평은 3억 원이 아니고 3⋯. 30억 원이야!" – 서영찬(#29)

◆ "파리! 파⋯. 파리요!" – 최다니엘(#29)

◆ "어. 시간여행에 대한 연구래⋯. 혹시 모르지⋯. 연구가 성공하면 과거의 누군가에게 회고록을 전달할 수 있을지도⋯." – 서영찬(#30)

참고 및 도움

- 2030 빅뱅 퓨처 / LG경제연구원
- 아기곰의 재테크 불변의 법칙 / 아기곰
- 왜 주식인가? / 존 리
- 에너지혁명 2030 / 토니 세바
- 미래자동차 모빌리티 혁명 / 정지훈
- 코리아 다시 생존의 기로에 서다 / 배기찬
- 한국이 소멸한다 / 전영수
- 노동 없는 미래 / 팀 던럽
- 선대인의 빅픽처 / 선대인
- 붙옹산의 재개발 투자 스터디 / 강영훈
- 네이버 지식백과
- 나무위키
- 챗GPT
- 삼성 갤럭시 AR 이모지